**100년 전
영국 언론은
조선을
어떻게 봤을까?**

100년 전 영국 언론은 조선을 어떻게 봤을까?

『이코노미스트』가 본 근대 조선

초판 1쇄 발행 2021년 7월 23일

지은이 — 최성락
펴낸이 — 최용범

편 집 — 박호진, 김소망
디자인 — 장원석, 김태호
관 리 — 강은선

펴낸곳 — 페이퍼로드
출판등록 — 제10-2427호(2002년 8월 7일)
주 소 — 서울시 동작구 보라매로5가길 7 1322호
이메일 — book@paperroad.net
페이스북 — www.facebook.com/paperroadbook
전 화 — (02)326-0328
팩 스 — (02)335-0334

ISBN 979-11-90475-66-2(03910)

100년 전
영국 언론은
조선을
어떻게 봤을까?

『이코노미스트』가 본 근대 조선

최성락 지음

페이퍼로드
paperroad

The Economist was established in 1843 by James Wilson, a hatmaker from the small Scottish town of Hawick, to campaign against the protectionist Corn Laws. ··· The Economist's starting point is that government should only remove power and wealth from individuals when it has an excellent reason to do so. 『이코노미스트』는 1843년, 모자 제조업자인 제임스 윌슨이 관세 보호주의 정책인 곡물법에 맞서기 위해 창립했다. ……『이코노미스트』의 기본 정신은 납득할 만한 이유가 없다면 국가는 개인의 권력과 부에 간섭할 수 없다는 것이다.(1843년 9월)

어디까지나 『이코노미스트』는 서구인이 발간하는 잡지다. 경제 측면을 중요시한 잡지이고, 자유무역을 주장하는 이념적 성향을 갖고 있다. 불편한 내용도, 받아들이기 힘든 내용도 많다. 하지만 100년 전 서구인들, 즉 1800년대 후반과 1900년대 초반을 살았던 서구인들의 눈에 비친 조선이 어떤 모습이었는지에 대한 정보는 분명히 줄 수 있을 것이다.

The harsh militarism of the first few years of Japan's rule can have left little inclination or ability for revolt in the never very strenuous population of the Hermit Kingdom. 지난 몇 년간 이뤄진 일제의 가혹한 군국주의 통치는 원래부터 거친 것과는 거리가 멀었던 이 은자의 나라의 국민에게서 반항할 만한 기질과 여력을 모두 빼앗아 가버렸다.(1910년 8월 27일)

한일병합 이후 나온 이 기사에서 우리의 눈을 끄는 것은 두 가지다. 하나는 러일전쟁 이후 일제의 침략 과정에 대한 평가이며, 다른 하나는 한반도의 패권을 두고 두 번의 전쟁이 일어난 뒤에도 서구에서는 여전히 우리를 "은자의 나라"로 지칭하고 있다는 점이다. 위 사진은 1907년 8월 군대해산 직전의 조선 시위대의 모습 중 일부. 아래 사진은 용산에 위치한 일본의 조선 주둔군 제20사단 병영 진영으로 같은 해 9월에 촬영했다.

It is still too soon to give a positive opinion regarding the mineral wealth of Corea, but so far nothing has been discovered to justify such sanguine opinions, although all the southern parts of the country have been explored by competent persons. It is true that deposits of lead and silver (galena), copper, iron, and gold exist, but none of these hold out much promise of large returns, and the absence of coal in the provinces which have been examined is a very discouraging circumstance. 조선의 광물 자원에 대한 긍정적 평가는 아직 시기상조다. 한반도 남부에 관한 신뢰할 만한 인물의 조사 결과로도 긍정론을 정당화시킬 발견은 아직 이루어지지 않고 있다. 납과 은(혹은 납과 은을 함유한 방연석), 구리, 철 등의 자원이 존재하기는 한다. 하지만 이들 중 어느 것도 채산성을 보장할 만큼 매장되어 있지 않다. 조사한 지역 어느 곳에서도 석탄이 발견되지 않았기에 상황은 더욱 절망적이라 할 수 있다.(1884년 12월 13일)

유통을 위한 도로와 가공을 위한 기술의 부족으로 조선의 광물 자원 개발에는 막대한 초기 비용과 시간이 필요했다. 하지만 영구 식민지화를 꾀하는 일본에게 그런 것은 부차적 요소에 불과했다. 사진은 금산포 채광 현장.

In January a new port – Chemulpo – was opened to foreign trade --- These changes have coincided with an expansion of the Corean trade, the imports last year being valued at 418,000ℓ, as compared with 335,000ℓ in 1882, and the exports to 319,000ℓ, as compared with 227,000ℓ. This improvement, however, is superficial only, the increase in large demand for crops and copper, the exports was mainly in the shipments of gold and silver. It is evidently the opinion of our representatives there that the growth in trade is likely to be slow. 지난 1월 제물포항의 개항에 힘입어 한국의 수출입이 증가했다. 이전 해인 1882년에 비해 1883년에는 수입이 335,000파운드에서 1883년 418,000파운드로, 수출은 227,000파운드에서 319,000파운드로 늘어났다. 이러한 성장은 표면적으로는 곡물과 구리의 수요 때문인 것처럼 보이지만, 여전히 수출의 대부분은 금과 은이 차지하고 있다. 이러한 성장세가 조만간 둔화될 것이라는 점은 명백하다.(1884년 12월 13일)

개항한 뒤 인천은 일본의 중요한 군사기지가 되었다. 또한 인천은 서구의 문물이 한반도로 흘러들어오는 최첨단 지역이기도 했다. 사진은 인천항에 정박 중인 일본의 구축함들.

··· imports are set down as being derived mainly from China and Japan. Of the imports from those countries, however, a large portion consists of goods of British origin landed there and re-exported to Corea. 조선의 수입은 주로 청나라와 일본을 통해 이루어진다. 하지만 이 수입품 중 상당수는 영국에서 만들어진 뒤 조선으로 다시 수출된 것이다.(1892년 8월 13일)

개화기를 통틀어 조선의 수입품 중 가장 큰 몫을 차지하는 것은 면제품이었다. 식민지 국가의 원화를 헐값에 들여와 저렴한 노동력을 동원해 공장에서 대량생산하는 면제품은 제국주의와 산업혁명 모두를 상징하는 대표적인 상품이다. 일본과 청나라의 상인들은 이 면제품을 조선에 들여와 오랜 기간 동안 크나큰 이익을 남겼다. 훗날 일본은 조선의 저렴한 원화를 들여온 뒤 가공하여 비싼 값으로 조선에 다시 수출하는 행태를 벌였다. 위 사진은 1927년경 목포항에 집적된 면화. 아래 사진은 농촌 부녀자들이 목화 고르기 작업을 하는 장면.

The disasters which the French met with in the Corea are taken as proofs of the weakness of the Western Powers. 프랑스가 조선에서 겪은 재난은 서구 열강들의 약화의 증거다.(1870년 9월 24일)

병인양요의 충격은 서양인에게 중국의 위협을 다시 떠올리게 하는 결과를 가져왔다. 서양인들은 작고 무기 수준이 높지 않은 조선조차 위협적인데, 중국이 서양의 무기를 갖게 될 때는 과연 어떤 일이 벌어질 것인가를 상상하며 두려워했다. 그러나 청일전쟁으로 그 두려움은 근거를 상실했다. 사진은 청일전쟁 시기, 성환전투 직전의 일본군 모습. 이 전투에서 일본군은 80여 명, 청군은 1,000여 명이 전사했다.

The task of subjecting and ruling in subjection an Eastern people is very hard for an entirely alien race, and it might be supposed to be easier if the differences between the conqueror and the conquered are less marked. But it would seem that the Koreans are no more tractable to Japan than are other Eastern races to the dominion of Western peoples. 동양인을 지배하는 일은 그들과 완전히 다른 서양인에게는 매우 힘든 일이다. 지배자와 피지배자가 서로 비슷하다면 이런 어려움은 대부분 사라질 것이다. 하지만 일본인이 한국인을 지배하는 건, 서양인이 동양인을 지배하는 것만큼 쉽지 않았던 것으로 보인다.(1909년 10월 30일)

안중근의 의거 이후 나온 이 기사는 일본의 조선 지배에 대해 알게 된 사실에 대한 당혹스러움을 표현하고 있다. 그 자신 제국주의 국가인 영국은 일본의 조선 지배에 대해 나름의 관심을 표명하며 흥미로운 눈으로 지켜보고 있었다. 서로 이웃하며 같은 동양권 국가이니 식민 지배가 용이할지도 모른다고 여겼던 것이다. 강제로 지배당하는 사람은 상대방이 누구든 지배하는 사람을 좋아하지 않는다는 사실을 당시의 영국도 일본도 몰랐다. 사진은 김상옥 열사의 모습. 그는 3.1운동 이후 혁신단을 조직, 친일파 암살을 기도하다 상해로 망명하여 의열단에 가입한 뒤 국내에 잠입하여 독립자금을 모아 임시정부에 전달했다. 1922년에는 다시 조선에 들어와 이듬해 1월 종로경찰서에 폭탄을 던진 뒤 일본 경찰 수백 명과 홀로 치열한 시가전을 벌이다 자결 순국했다. 이때 사망한 일본 경찰의 수는 17명에 달했다.

THE KOREAN WAR.

THE Japanese have surpassed even the expectations of their warmest friends. Those who had seen the Japanese army at close quarters, had marked its precision of organisation and equipment, and had noted the excellent condition of the fleet, declared that the forces of the Mikado need have no fear of meeting the Chinese in battle, and prophesied that whenever the two nations became engaged, victory would be with the Japanese. No one, however, ventured to predict that within two months from the declaration of war Japan would have totally- defeated the Chinese army, have practically cleared the Korean Peninsula of her enemies, and further have destroyed a Chinese fleet, and put an end, for the time at least, to the possibility of the Pekin Government using her sea forces as a means of attacking Japan. So terrible, indeed, has been the disaster suffered by the Chinese fleet, that it seems very doubtful if China will be

The Japanese have surpassed even the expectations of their warmest friends. Those who had seen the Japanese army at close quarters, had marked its precision of organisation and equipment, and had noted the excellent condition of the fleet, declared that the forces of the Mikado need have no fear of meeting the Chinese in battle, and prophesied that whenever the two nations became engaged, victory would be with the Japanese. 일본인들은 친우들의 기대 이상의 모습을 보여주었다. 가까운 거리에서 일본군을 목격한 사람들은 장비와 조직의 정밀함을 언급했으며, 함대의 상태도 최상인 점에 주목했다. 이들은 일본군이 중국군을 전장에서 압도할 거라고 장담하며, 두 나라가 맞붙는다면 승리는 일본에 돌아갈 거라고 예견했다.(1894년 9월 24일)

풍도해전 직후 나온 이 기사는 서양인들에게 일본군의 위상이 얼마나 올라갔는지를 여실히 보여준다. 그러나 우리의 눈길을 끄는 부분은 기사의 내용보다는 "The Korean War"라는 기사의 제목이다. 청일전쟁은 서양인이 보기에도 조선의 지배권을 놓고 벌이는 일본과 청나라, 두 나라의 전쟁이었다.

··· it may fairly be contended that a period of tutelage, during which sound finance and a modern system of administration are being introduced, will ultimately prove to the advantage of the people themselves, and will enable them to gain a political liberty which they never before enjoyed. ······ 조선은 차라리 외국으로부터 현대적 행정 시스템의 도움을 받는 것이 조선 국민들의 이익에 도움이 될 것이다. 또 이것이 조선인이 한 번도 경험해보지 못한 정치적 자유를 얻을 수 있는 길이 될 것이다.(1909년 10월 30일)

이 기사는 한일병합 1년 전인 1909년 가을에 쓰여졌다. 서글픈 현실이지만 당시 서양인에게 조선 혹은 대한제국의 인상은 '작지만 건강한 나라'라기보다는 '지배당해 마땅한 후진국'에 더 가까웠다. 이는 일정 부분 일본의 대외 선전에 기인한 바이기도 했고, 또 어느 정도는 무능하고 부패한 가운데 권력에만 온 신경을 쏟았던 조선 정부의 자업자득에 가까운 현실이기도 했다. 사진은 대한제국 선포 직후 고종황제의 모습.

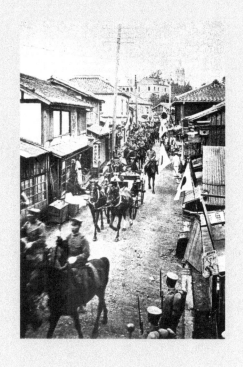

Thus Japan becomes in name as well as in fact a Continental Power. 이제 일본은 명목상으로도, 실제적으로도 대륙의 권력자가 됐다.(1910년 8월 27일)

반항도 없었다. 거친 저항도 없었다. 실제로도 조선 전체는 별다른 일 없이 고요했다. 한일병합 이틀 전 실린 이 기사에서 『이코노미스트』는 이번의 병합이 여러 해에 걸친 과정의 마지막 수순일 뿐이라며 담담히 고한다. 기사의 남은 내용처럼, "지난 몇 년간 이뤄진 일제의 가혹한 군국주의 통치는 원래부터 거친 것과는 거리가 멀었던 이 은자의 나라의 국민에게서 반항할 만한 기질과 여력을 모두 빼앗아 가버렸다". 그리고 일본은 "명목상으로도, 실제적으로도 대륙의 권력자가 됐다". 사진은 1910년 7월, 한일합병 조약을 위해 통감에 부임하는 데라우치 마사타케의 모습. 석 달 뒤 그는 조선총독부 초대 총독이 된다.

차례

『이코노미스트』에 대해서

대학교, 대학원을 다닐 때 영업 사원들이 『이코노미스트』를 봐야 한다고 꼬드겨서 정기구독을 했던 적이 있다. 영어 실력을 높이기 위해서는 영어 잡지를 보는 게 좋고, 『이코노미스트』가 제일 고품격의 잡지라는 말에 홀려버렸다.

하지만 『이코노미스트』는 읽기 너무 어려운 잡지였다. 문장도 어려웠고, 무엇보다 읽어도 무슨 뜻인지 알 수 없었다. 결국 쌓아놓기만 하고 읽지 못하는 책이 돼버렸다. 정기구독비만 버리게 됐다. 『이코노미스트』가 좋은 잡지라는데 뭐가 좋다는 건지 알 수 없었다.

나이가 들어 다시 『이코노미스트』를 접하게 됐다. 필자는 잡지를 많이 보는 편이다. 『주간 매경』, 『한경 이코노미』부터 시작해서 경제 주간지, 경제 월간지, 여행 잡지, 미술 잡지 등을 정기구독하고 있다. 이렇게 잡지를 보게 되면서 『이코노미스트』도 다시 찾았다.

학생 때는 『이코노미스트』를 보면서 이게 좋은 잡지라는 것을 전혀 느끼지 못했다. 그런데 나이 들어서 보는 『이코노미스트』는 달랐다. 정말 대단한 잡지라는 것을 느꼈다. 우선 『이코노미스트』는 그 대상이 전 세계다. 세계 각지의 주요 정보를 전달한다. 자기 나라 정보가 아니라 국제 정보를 얻기 위해서는 『이코노미스트』만 한 것이 없는 것 같다. 매주 유럽, 북아메리카, 아시아, 아프리카 등 세계의 주요 정보들이 제시된다.

무엇보다 『이코노미스트』의 좋은 점은 기사로서의 편향성이 적다는 점이다. 우파 언론의 기사, 좌파 언론의 기사는 편향성이 있다. 읽어도 이게 사실인지 아닌지, 제대로 된 정보인지 아닌지 헛갈릴 때가 있다. 물론 『이코노미스트』도 사상적으로 완전히 중립적이라고는 보기 어렵다. 『이코노미스트』는 기본적으로 자유경제를 사상적 기반으로 하는 잡지이다. 『이코노미스트』는 자유경제를 주장하기는 하지만 그 일방적인 시각에서만 설명하지는 않는다. 찬성 시각과 반대 시각이 충분히 드러난다.

『이코노미스트』의 가치를 알게 되면서 여기에 나오는 한국 관련 기사들에 특히 관심을 갖게 됐다. 『이코노미스트』를 읽으면서 한국의 정파적 편향성과 관계없이, 세계적 시각에서 한국 사건을 어떻게 보고 있는가를 알 수 있었다. 『이코노미스트』에 한국 기사가 많이 나오지는 않는다. 한 달에 한 번 정도일까. 『이코노미스트』는 세계적 시각에서 관심을 끌 만한 사건만 기사화한다. 세월호 사건, 최순실 사건으로 인한 촛불 시위와 태극기 시위, 박근혜 대통령 탄핵, 한반도의 핵문제, 한일간 무역 갈등 등. 그들의 관점에서 무엇이 옳고 그른지는 이야기하지 않는다. 객관적인 시각에서 사건을 보고 해석을 할 뿐이다.

『이코노미스트』의 기사들을 보면서, 이 잡지는 1843년부터 나왔다는 것이 떠올랐다. 그러면 1800년대 말, 1900년대 초의 『이코노미스트』는 그 당시 조선에 대한 이야기도 언급했을 것이다. 그때의 『이코노미스트』는 조선을 어떻게 보고 있었을까? 그 호기심에서 이 책이 시작됐다.

그런데 1800년대 말, 1900년대 초반의 『이코노미스트』를 찾을 수 있을까? 『이코노미스트』 홈페이지에는 과거 기사들이 모두 제공돼있지만, 이른바 인터넷화가 진행된 1997년 이후의 자료뿐이다. 그 이전의 기사는 인터넷에서 찾아볼 수 없었다. 100년 전의 원본 자료를 인터넷에서 찾기란 무리였다.

아무리 정보가 넘치는 사회라고 하지만, 한국에서 100년 전의 한국 신문 기사를 찾는 것도 쉽지 않다. 더구나 『이코노미스트』는 외국 잡지이다. 물론 영국의 『이코노미스트』 본사에는 『이코노미스트』가 창간호부터 있을 것이다. 하지만 한국에서 100년 전의 『이코노미스트』 잡지를 구할 수 있을까?

나는 우선 도서관부터 찾아갔다. 서울대학교 중앙도서관에서 1920년대 후반부터의 『이코노미스트』 잡지를 볼 수 있었다. 한국에 1930년대의 『이코노미스트』가 있다는 게 놀라웠다. 하지만 알다시피 서울대학교 도서관은 일제강점기 때 경성제국대학 도서관을 물려받은 것이고, 경성제국대학 도서관은 일본이 세웠다. 이 자료를 구비한 쪽은 한국이 아니라, 일본이다.

1930년대 이후의 『이코노미스트』 발행본을 한국에서 볼 수 있다는 것은 고무적인 일이었다. 하지만 필자가 보고자 하는 1800년대 후반, 1900년대 초반의 잡지는 없었다. 일본은 이런 외국 자료를 사서 모으는 것으로 유명하다. 그렇다면 일본에는 『이코노미스트』 잡지가 있지 않을까?

다행히 일본에는 있었다. 창간 초기의 몇 권을 제외하고는 모두 다 원본으로 구비돼 있었다. 빠져 있는 잡지도 PDF 형식의 파일 등으로 어떻게든 접근할 수 있는 방법이 있었다. 도쿄대 경제 도서관, 혼고 도서관, 일본 국립 도서관 등 여러 곳에서 내가 원하던 자료를 찾을 수 있었다.

1800년대 후반, 1900년대 초반의 『이코노미스트』를 살펴보면서 가장 놀란 점은, 이 당시 『이코노미스트』에 한국 관련 기사가 거의 없다는 점이었다. 물론 지금도 그렇다. 한국에서 여당과 야당 간의 대립 등은 언제나 주요 기사이지만, 『이코노미스트』 입장에서 이들의 대립은 세계 어느 나라에서나 항상 있는 일이다. 국회 점거, 폭동 같은 굵직한 사건이 일어나지 않는 한 『이코노미스트』는 어느 한 나라의 정치적 사건에 대해 크게 관심을 기울이지 않는다. 경제 기사도 마찬가지다. 한국의 어느 대기업이 부도가 났다는 등의 기사는 국내에서는 요란하게 이야기되지만, 『이코노미스트』에는 그런 식의 이야기는 전혀 나오지 않는다. 대기업 부도란 한국에서는 아주 큰 이슈일 수 있지만, 전 세계 어느 나라나 위험에 빠진 대기업, 부도난 대기업이 존재한다. 삼성, 현대, LG 정도의 기업이 부도 위기에 빠지지 않는 한, 한국 기업의 위기는 『이코노미스트』에 기사화되지 않을 것이다.

아무리 그렇다고는 하지만, 이 정도로 한국 기사가 적을 줄은 몰랐다. 첫 번째 한국 관련 기사는 1870년이 돼서야 등장한다. 그리고 그 후 평균 1년에 한 번 조선 이야기가 나온다. 이 당시 조선은 격동기였다. 임오군란, 갑신정변, 을미개혁, 대한제국 성립과 광무개혁 등이 숨가쁘게 이어졌다. 하지만 이런 조선의 사건에 대해 『이코노미스트』는 침묵했다. 『이코노미스트』가 당시의 동아시아에 관심이 없어서 그런 건 아니다. 일본, 중국에 대한 기사는 많은 편이다. 이것은 조선의 사건들이 국내에서만 요란하고 국제적으로는 아무런 관심을 받지 못했다는 것을 의미한다.

조선 이야기는 청일전쟁, 러일전쟁 등 국제적인 사건이 발생했을 때나 많이 나온다. 이것도 조선에 대한 독자적인 기사라기보다는 일본, 중국, 러시아와 관련되어서 나오는 기사이다. 이 당시 국제 사회는 조선이라는 나라 자체에 대해 관심이 거의 없었다. 단지 청나라와 일본 간 역학 관계 내에서의 조선, 러시아와 일본 간 관계에서의 조선, 동아시아를 둘러싼 열강 간 관계에서의 조선 등이 중요했을 뿐이다.

조선에 대해 독자적인 기사들이 있기는 하다. 조선의 통상과 관련된 이야기이다. 조선의 수입과 수출, 거래 규모 등에 대해서는 꾸준히 기사가 올라왔다. 하지만 당시 조선의 수출입 규모는 중국, 일본에 비할 수 없이 작았다. 그래서 중국, 일본의 통상 관련 기사들에 비교해 기사 수도 적고 분량도 작다.

그렇게 기사 수가 적다는 한계는 있지만, 이 기간 동안 『이코노미스트』가 조선을 어떤 식으로 보았는지에 대한 시각은 충분히 확인할 수 있었다. 일본, 중국, 러시아에 대한 기사에도 조선에 대한 시각은 충분히 녹아 있었다. 그리고 『이코노미스트』의 조선에 대한 시각은 한국 사람들이 기존에 조선에 대해 가지고 있는 시각과는 분명 차이가 있었다.

물론 이 당시 『이코노미스트』의 조선에 대한 시각, 그리고 다른 서양인의 조선에 대한 시각이 모두 진실이라고 할 수는 없다. 하지만 그렇다고 얼토당토않은 거짓이라고 하기도 어렵다. 당시 서구에서는 조선을 이런 식으로 보고 있었다는 것, 그래서 우리가 보다 다양한 시각을 발견할 수 있다는 것, 그것만으로도 충분한 도움이 되지 않을까 한다.

임진왜란이 발생하기 전인 1590년, 조선에서는 일본에 통신사를 파견한다. 정사는 황윤길, 부사는 김성일, 종사관은 허성이었다. 이들은 일본으로 가서 도요토미 히데요시를 만나고 1591년 2월에 돌아왔다. 무려 11개월에 걸친 여정이었다.

조선의 역사서는 이들 3명을 어떻게 평가할까? 『조선왕조실록』 등에서는 세 명의 통신사 대표 중 김성일을 유독 칭찬한다. 일본인에게 아부하지 않고 강직한 모습을 보여주었다는 것이다. 김성일은 무엇이 옳고 그른지 일본인에게 수시로 설파를 했고 항상 올바른 도리에 맞춰서 일을 했다. 그에 비해 황윤길과 허성은 일본인을 두려워하여 겁을 먹고 그들이 하자는 대로 따라하려 들었다. 역사서의 평가대로라면 김성일은 조선의 우수성을 보여주고, 미개한 일본인을 교화하고 온 훌륭한 사람이다.

그런데 일본의 역사서 이야기는 좀 다르다. 김성일은 통신사 본연의 업무와 상관이 없는 사소한 일에 트집을 잡는 사람이었다. 조선의 예의범절을 일본에 그대로 적용하려 들고, 그에 어긋나면 비난을 하면서 일본에서의 행사 진행을 따르지 않았다. 조선 관습에서는 황제를 만날 때, 왕을 만날 때, 영의정 등 고관을 만날 때마다 절을 하는 횟수가 각각 다르다. 그런데 이런 기준을 일본에서도 그대로 적용하려 들었다.

당시 일본의 최고 지배자는 도요토미 히데요시다. 하지만 일본에는 천황이라는 존재가 있고, 도요토미 히데요시의 공식 직위는 관백으로, 일본 황실에서 그렇게까지 높은 직위는 아니었다. 김성일은 도요토미의 정확한 직위가 무엇인지, 절을 몇 번 해야 하는지, 자신을 맞이하는 일본 사신의 직위는 무엇이어야 하는지 등등 예의범절에 대해서 꼬치꼬치 따졌다. 하지만 그런 것들은 일본인들에게 있어서 중요한 것이 아니었다. 일본 신하들이 조선의 통신사를 초빙한 이유는 도요토미 히데요시가 일으키려는 명나라와의 전쟁을 막아보고자 한 것이었다. 명나라와의 전쟁은 도요토미 히데요시의 일방적인 주장일 뿐, 다른 사람들은 모두 반대했다. 그들은 조선 통신사들이 일본의 이 실상을 알고 전쟁이 일어나지 않도록 중간 역할을 해주기를 기대했다. 그런데 김성일은 사소한 예의범절만 따졌다. 일본에서는 김성일을 최악의 통신사로 평가했다.

누구의 말이 맞을까? 조선에서 보는 김성일에 대한 평가가 맞을까, 아니면 일본의 그것이 맞을까? 현대에 사는 우리들은 어떤 의견이 맞는지 알 수 없다. 지금 우리가 말할 수 있는 것은 당시 조선에서는 김성일을 훌륭한 통신사로 평가했고, 일본에서는 사소한 것에만 집착하는 한심한 사람으로 보았다는 점이다.

하지만 김성일의 평가에 대해 어느 쪽의 손을 들어주든 간에, 그 당시 조선과 일본에서 보는 김성일의 모습이 달랐다는 사실을 아는 건 나름대로 의미가 있다. 사람을 평가할 때, 어느 한쪽의 의견만으로 판단하는 건 어리석은 일이다. 그렇다고 여러 방면의 의견을 두루 모아본들 그 사람에 대한 평가를 완벽하게 내릴 수 있다고 낙관하긴 어렵다. 의견은 서로 다를 수 있지만 그 다른 의견 각각은 사람의 실제 모습을 부분적으로나마 반영하며, 때로는 부분적으로나마 왜곡한다. 그리고 그 반영과 왜곡이 모인 전부가 바로 주변에서 파악할 수 있는 그 사람의 모습 전부다. 비단 사람뿐 아니라, 국가나 단체의 경우도 마찬가지다.

우리는 조선의 근대를 우리의 시각에서 배운다. 한국인이 배우는 조선의 근대사는 한국인의 시각에서 보는 역사다. 하지만 한국인의 시각에서만 보는 조선 근대사가 전부는 아닐 수도 있다. 임진왜란 직전, 통신사 김성일에 대해서 한국인의 시각만으로 해석하는 것이 전부가 아닐 수도 있는 것과 같은 이치이다. 그렇다고 일본의 시각에서 조선의 근대사를 보자고 말하려는 것은 아니다. 조선 근대사에서 일본은 제3자가 아니라 직접적인 이해관계자였다. 일본은 개항 초기부터 조선 침략을 목표로 했고, 이를 위해 자기들에게 유리하도록 조선에 대한 이미지를 만들어왔다.

중국의 입장도 일본과 크게 다르지 않다. 당시 청나라는 조선에서의 이익과 직접적인 관계가 있었다. 청나라는 일본과의 전쟁에서 패해 조선에서 물러날 때까지, 아니 그 이후로도 한참 동안 조선을 자기의 속국으로만 보려 했다. 그러니 청나라 역시 제3자는 아닌 것이다.

여기서 한가지 더 제기될 수 있는 것이 서양 국가들의 시각이다. 물론 서양 국가의 시각 역시 온전히 제3자의 시각으로 간주하긴 어렵다. 이들도 조선이라는 시장에 관심을 가졌고, 많든 적든 조선의 현실에 간섭하려 들었다. 그래도 중국, 일본과 비교하여 그나마 가장 제3자의 입장에 가까운 것은 서양 국가들이었다고 할 수 있다. 이 국가들은 조선 영토에 별 욕심이 없었다. 러시아는 조선의 영토에 흑심을 품었지만 영국, 프랑스, 독일 등은 그렇지 않았다. 이들이 착하고 정의로워서가 아니다. 이미 다른 곳에 식민지 영토가 충분히 많았고, 동아시아에서는 조선보다 중국에 관심이 더 많았다. 중국에서 한 개의 성(省)에 대한 권리만 얻어도 조선에서보다 이권이 더 컸다. 서구 제국들은 통상 규모도 별로 크지 않고, 통상할 만한 자원도 많지 않은 조선에 별 관심을 가지지 않았다. 그리고 욕심이 상대적으로 적은 만큼, 조선에 대한 시각 역시 상대적으로나마 객관적이었다. 물론 이들의 의견이 반드시 옳은 건 아니다. 그래도 최소한 일본이나 중국, 러시아에서 보는 조선에 대한 시각보다는 훨씬 더 객관적이라 할 수 있을 것이다.

이 책에서는 서구에서 조선 근대를 어떻게 보았는가를 살펴보고자 한다. 자료로 삼은 것은 영국의 유력 시사 주간지 『이코노미스트Economist』다. 『이코노미스트』는 1843년에 창간되어 지금도 발간되고 있다. 현존하는 전 세계 잡지 중 가장 오래됐다고 할 수 있다. 1800년대부터 지금까지 계속 발간되는 잡지는 거의 없다. 그러니 1800년대 말, 조선 근대의 이야기를 지금까지 발간되는 서구의 잡지에서 찾으려면 『이코노미스트』가 유일한 선택지다.

『이코노미스트』는 창립부터 지금까지 일관된 기사의 논조를 유지하는 것으로 명성이 높다. 정권 변화에 따라 논조가 바뀌지도 않고, 회사 주인이 바뀐다고 해도 한결같았다. 영국에서 발간되는 잡지이지만, 영국의 이야기가 아니라 세계의 경제, 정치, 사회의 이야기를 담고 있다. 세계에서 가장 공정하고 객관적이며 정론적인 주간지로 정평이 나있다.

물론 『이코노미스트』의 기사 내용 전부를 완벽한 객관적 진실이라 보기는 어렵다. 『이코노미스트』는 경제 측면을 중요시한 잡지이고, 자유무역을 주장하는 이념적 성향을 갖고 있다. 하지만 예나 지금이나 『이코노미스트』가 세계의 식자층에게 굉장히 중요한 잡지로 인식되고 읽혀온 것도 사실이다.

어디까지나 『이코노미스트』는 서구인이 발간하는 잡지다. 불편한 내용도, 받아들이기 힘든 내용도 있고 때로는 기분 좋을 기사도 존재하지만 어쨌거나 100년 전 서구인들, 즉 1800년대 후반과 1900년대 초반을 살았던 서구인들의 눈에 비친 조선이 어떤 모습이었는지에 대한 정보는 분명히 줄 수 있을 것이다. 우리 조선인들의 시각, 거기에 일본과 중국인의 시각과 함께 서구인의 시각까지 더해진다면, 조선 근대를 보는 우리의 관점은 더욱 다양해지고, 더욱 풍성해질 것이며, 이를 통해 보다 객관적인 우리의 모습을 그려낼 수 있을 것이다. 이 책이 그러한 과정에 조금이나마 보탬이 되기를 바란다.

2019년 11월
최성락

제1장
조선의 개항

"조선의 수입품 중 상당수는 영국에서 만들어진 뒤 조선으로 다시 수출된 것이다."

때는 제국주의의 시대였다. 해외의 식민지가 제공하는 저렴한 원료와 헐값이나 다름없는 인건비를 제물로 삼아 산업의 시대를 먼저 열어젖힌 제국주의 국가 앞에 뒤쳐진 국가들은 보기 좋은 먹잇감이나 다름없었다. 당시 조선은 세계인의 인식으로는 거의 마지막 남은 미개방 국가였다. 이 마지막 먹이를 두고 청나라 그리고 일본의 상인들이 중계 무역이라는 이름으로 큰 이득을 취하고 있었다. 이에 맞서야 할 조선의 상인들은 부족한 자본, 부족한 기술에 정부의 부족한 인식과 부패에 얽혀 힘겨운 싸움을 벌여야 했다.

조선을 너무나 사랑했던 범죄자, 오페르트의 두 얼굴

1868년 5월, 두 척의 서양 배가 서해안에 정박한다. 그리고 서양인과 중국인으로 구성된 140여 명의 무리가 몰래 상륙한다. 이들의 목적은 남연군의 묘를 파헤치는 것이었다. 남연군은 흥선대원군 이하응의 아버지이며, 당시 조선의 최고 권력자는 흥선대원군이었다. 남연군은 당시 왕이었던 고종의 할아버지이기도 했다. 이들은 누구이고 또 어째서 이런 행동을 했던 걸까? 시작은 2년 전으로 거슬러 올라간다.

2년 전인 1866년은 병인박해가 일어났던 때다. 8,000여 명의 신도가 학살당했고, 프랑스 선교사 12명 중 9명도 죽음을 맞아야 했다. 프랑스 신부 리델 등 3명은 이 학살에서 살아남았다. 이들은 프랑스인 동료들에 대한 복수와 당시 사건에 대한 배상을 원했다. 조선은 조상의 신체를 굉장히 중요하게 여긴다. 흥선대원군은 서양과의 교섭을 절대 하지 않으려고 하는데, 흥선대원군 아버지의 시체를 볼모로 잡으면 자기들 말을 들어줄 수밖에 없을 것이라고 생각했다. 남연군의 시신은 병인박해 때 죽은 프랑스 신부들에 대한 대가를 받아낼 수 있는 최상의 카드다. 게다가 남연군의 묘를 파헤치면 값나가는 보물들도 나올 것이다. 그들은 이 보물들로 원정에 들어간 비용을 충당할 계획을 세웠다.

결과를 달하자면, 이들의 시도는 실패했다. 묘를 파헤치기는 했는데, 석관이 자기들이 예상한 것보다 훨씬 더 튼튼했다. 이들이 갖고 온 삽 같은 장비로는 석관이 움직이지 않았다. 게다가 이들이 타고 온 배는 해안가에 머물러 있었다. 정식으로 조선에 들어온 것이 아니라 항구에 정박할 수도 없었고, 오래 머무를 수도 없었다. 서해안은 조수 간만의 차이가 굉장히 크다. 밀물일 때 해안가까지 접근한 배가 썰물 때까지 계속 정박해 있다가는 갯벌에서 좌초가 되어버린다. 그래서 이들은 도굴을 끝내지 못하고 철수를 할 수밖에 없었다.

남연군 묘지 도굴 사건, 일명 오페르트 도굴 사건은 조선에서 엄청난 반발을 불러일으켰다. 흥선대원군의 아버지, 고종의 할아버지 묘가 파헤쳐졌다는 것이 큰 문제이기도 하지만, 당시 조선에서 다른 사람의 묘를 파헤치는 것은 살인죄에 버금가는 중죄였다. 흥선대원군에 찬성하는 사람이든 반대하는 사람이든, 정치적인 입장을 떠나서 남원군의 묘가 외국인에게 파헤쳐진 것은 용서할 수 없는 범죄였다.

이 남연군 묘지 도굴 사건의 최고 책임자가 바로 오페르트(Ernst Jacob Oppert)다. 조선에서 도망친 프랑스 신부 중 하나가 오페르트에게 접근해서 남연군 묘를 도굴하자고 했고, 오페르트는 그 계획을 수긍해 전체적인 도굴을 지휘했다. 물론 도굴은 실패했고, 그는 죽을 때까지 다시는 조선 땅을 밟지 못했다. 그런데 『이코노미스트』에는 오페르트에 관해 이런 식의 기사가 나온다.

> Oppert, a German adventurer, who visited Corea for a few days some twenty years ago, gives it as his 'decided conviction that no other country on the whole Asiatic Continent approaches Corea in mineral wealth,' (1884년 12월 13일)
>
> 20여 년 전 조선을 방문했던 독일인 모험가 오페르트는 조선이 다른 어느 아시아의 국가보다도 광물자원이 풍부하다고 주장했다.

『이코노미스트』는 오페르트를 '모험가 오페르트(adventurer Oppert)'라 소개하고 있다. 오페르트는 분명 범죄자다. 이것은 조선만이 아니라 서양인의 시각에서도 마찬가지였다. 묘지를 파헤치고 시체를 인질로 삼다니, 조선처럼 법으로 정해놓지 않더라도 인간이라면 상식적으로 용납할 수 없는 짓이다. 오페르트 본인도 본국에 돌아가 기소를 당했고, 조선에 대해 관심을 가지고 책을 쓴 서양인들 대부분이 오페르트에 대해 비판적인 말을 남겼다. 그런데 『이코노미스트』는 오페르트를 '모험가 오페르트'로 부른다. 범죄자이지만 조선을 서양에 알린 사람이라는 점에서 그렇게 불렀던 것 같다.

조선에 대한 책을 써서 조선을 서양에 처음으로 알린 사람은 네덜란드 선원 하멜(Hendrik Hamel)이다. 하멜은 1653년 제주도에 표류해 와서 조선에 억류됐다. 그는 무려 13년 동안 조선에 갇혀 있다가 1666년 드디어 탈출에 성공했다. 동료 및 멍과 몰래 배를 구해서 일본으로 도망갔고, 그곳에서 고향인 네덜란드로 돌아갔다. 그 뒤 자신의 경험을 바탕으로 『하멜 표류기』를 썼다. 이 『하멜 표류기』가 서양에 조선을 알린 최초의 책이다.

하멜이 표류기를 쓴 것은 1668년이다. 오페르트 도굴 사건을 기점으로 하면 무려 200년 전의 기록이다. 많은 서양인들이 조선에 대한 최신 정보를 원했고, 통상을 하고 싶어 했지만 그렇다고 200년 전 문헌을 보고 현재의 조선에 접근할 수는 없는 일이었다.

또한 하멜 표류기는 조선에 대해 필요한 정보를 제공하는 데 한계가 있었다. 사실 하멜 표류기는 조선에 대한 소개서라기보다는 개인적인 행적을 담은 에세이다. 또 에세이라 하더라도 개인의 경험과 생각이 풍부히 제시된 것이 아니라 선원으로서의 기록적 측면이 강하다. 좀 더 정확히 말하자면, 억류에서 해방된 뒤 회사에 제출한 일종의 사유서나 보고서적 측면이 강하다고 할 수 있다. 게다가 하멜 표류기는 당시 조선의 다양한 면을 많이 보여주지는 못한다. 무엇보다 하멜 그 자신이 조선 전체를 자유로운 상태에서 폭넓게 보고 쓴 글이 아니라는 단점이 있다. 하멜은 조선에 머무는 기간 내내 조선 정부에 억류된 상태였다. 거주지가 제한되었고, 마음대로 돌아다닐 수 없었다. 실제 13년 동안 조선에 머문 하멜이 방문한 곳은 표류한 제주도와 억류되었던 한양, 그리고 전라도 지역의 거주지가 유일하다. 당연히 조선에 대한 전반적인 정보를 제공하는 데 불충분할 수밖에 없었다.

그렇다면 서구인들이 원한 조선의 정보를 다룬 책은 무엇이었을까? 이 때 등장하는 사람이 바로 오페르트이며, 1880년 발행된 『금단의 나라 조선 Ein Verschlossenes land: Reisen nach Korea』이 바로 그 책이다. 『이코노미스트』가 그를 모험가로 부르는 데는 이 책의 덕이 무척 컸다. 실제로 오페르트는 도굴 사건 이전에도 이미 조선을 몇 차례나 방문한 이력이 있었다. 당시 조선은 아직 개항을 하지 않았고, 외국인을 배척할 때다. 아니, 개항 이후에도 외국인은 개항장에서만 머무를 수 있었고, 내륙까지 들어올 순 없었다. 조선을 몰래 방문한 사람들도 대개 해안가 주변만을 훑다가 돌아갔다. 그런데 오페르트는 조선이 개항하기도 전에 몇 번이나 조선을 방문했고, 내륙 깊숙한 곳까지 탐험했다. 대체 어떻게 그런 일이 가능할 수 있었는지 의심스러울 정도다.

그러니 오페르트만큼 조선에 대한 정보를 많이 가진 서양인이 없는 건 당연한 일이었다. 프랑스 신부가 묘지 도굴의 아이디어를 가지고 그를 찾아갔던 것도 우연이 아니었다. 도굴 사건이라는 얼토당토않은 사건을 실제로 실행에 옮길 만큼 조선을 잘 알고, 또 과감한 사람으로 그는 선택되었던 것이다.

어쨌거나 오페르트는 자신의 견문을 바탕으로 조선에 관한 책을 썼다. 그의 책은 하멜의 책처럼 단편적인 목격담의 모음집이 아니라, 최신 정보와 분석까지 담은 본격적인 조선 소개서였다. 조선의 지리와 풍습은 어떤지에서부터, 조선과의 통상을 고민하는 서양인에게 가장 중요한 정보인 조선의 자원 보유 상태 등에 대한 정보를 제공했다. 조선에 들어오려는 서양인들에게 실질적으로 도움이 되는 정보였다. 오페르트는 조선의 자연 자원이 풍부하다고 소개했는데, 그래서 서양인들은 조선과의 통상을 긍정적으로 판단하고 어

개화기 시대 아이들. 이 무렵의 아이들은 여덟 살 때
쯤부터 어른의 일을 돕기 시작했고, 열서너 살 때쯤이
면 이미 어른 취급을 받았다. 한국을 여러 차례 방문
했던 오페르트는 조선 정부에 대해서는 악감정을 숨
기지 않았지만, 조선 사람에 대한 평가는 대체로 극찬
일색이었다.

떻게든 조선에 접근하려 했다. 오페르트가 묘사한 조선의 모습 역시 대체로 호의적이었다. 그는 조선 정부에 대해서는 악감정을 숨기지 않았지만, 조선 그 자체에 대한 평가는 대체로 극찬 일색이었다.

"조선 사람들의 우수한 자질과 온화한 인성을 감안한다면 내 소견으로는 만약 양국의 국민성을 비교할 경우에 결국 조선 사람들의 손을 들어줘야 마땅하다."

"시골은 물론 도시에서도 집들은 늘 열려 있고 문에는 자물쇠조차 채워져 있지 않으며 절도는 신뢰를 파괴하는 중대한 범죄 행위로 간주되기 때문에 이웃나라들보다도 훨씬 엄한 처벌을 받는다."

반면 조선의 정부에 대해서는 우수한 민족성을 좀먹는다며 혹평을 쏟아부었다.

"국민들을 고무시켜 자원을 개발하려는 추진력이 결핍된 조선 정부의 무관심 탓에 조선의 가장 우수하고 풍부한 자원들은 무용지물이 되고 있다."

"조선 사람들은 결코 창의성이나 기량이 부족하지 않으며 능숙한 중국과 일본의 기술자들처럼 되기 위해서는 단지 약간의 교육과 격려가 필요할 뿐이다. 그러나 억압적 정치 체제의 통치를 겪고 인접 국가들과의 교역이 전면적으로 단절되면서 조선에서 산업 정신이 무너진 것은 그리 놀랄 일이 아니다."

오페르트는 분명 범죄자다. 다른 나라에서 무덤을 파헤치는 것은, 그것도 단순히 부장품이 아니라 시신 자체를 목적으로 하는 것은 시대를 불문하고 모든 나라에서 범죄로 인정되는 일이다. 하지만 당시 『이코노미스트』가 오페르트를 모험가로 보았던 것도 전혀 근거가 없는 일은 아니었다. 오페르트 도굴 사건만 아니었다면, 오페르트는 개항 전 조선을 방문하고 서양에 조선을 알린 사람으로 지금과는 다른 평가를 받고 있을지도 모른다.

보이지만 갈 수는 없는
세계 최후의 개방국

1876년 조선이 일본에 개항을 하고 이후 미국, 영국, 독일 등과 정식으로 통상 조약을 맺기 전, 조선은 금단의 나라(Forbidden Country), 은자의 나라(Hermit Kingdom)로 불렸다. 심지어 1910년 기사에서도 『이코노미스트』는 조선을 여전히 은자의 나라, 즉 Hermit Kingdom이라고 불렀다.

The harsh militarism of the first few years of Japan's rule can have left little inclination or ability for revolt in the never very strenuous population of the Hermit Kingdom. (1910년 8월 27일)

지난 몇 년간 이뤄진 일제의 가혹한 군국주의 통치는 원래부터 거친 것과는 거리가 멀었던 이 은자의 나라의 국민에게서 반항할 만한 기질과 여력을 모두 빼앗아 가버렸다.

개항 당시 조선은 세계 여러 나라의 관심을 받았다. 결국 일본과 처음으로 통상 조약을 맺기 전, 영국, 프랑스, 미국, 러시아 등에게도 계속 통상 요구를 받아왔었다. 이렇듯 조선이 세계 각국의 관심의 대상이 된 이유는 다른 게 아니다. 이때 전 세계는 이미 거미줄 같은 통상망으로 연결되어 있었다. 이전에는 아프리카, 남미, 오세아니아의 섬들이 서구나 아시아 국가들 사이에 잘 알려지지 않았다. 하지만 콜럼버스의 신대륙 발견 등 지리상의 발견과 탐험이 진행된 지 400년 가까이 되었고, 전 세계 모든 지역이 서로 연결되기 시작했다. 아프리카, 오세아니아의 섬들도 모두 서로 교류하며 사람들이 오갔다. 그런데 이렇게 세계화된 시대에 오직 한 나라만이 문을 열지 않고 있었다. 조선이었다. 다른 나라에 관심을 가진 사람들 사이에서 조선은 그 초점이 될 수밖에 없었다.

지금 북한이 세계의 관심을 받는 이유와 비슷하다고도 할 수 있다. 전 세계에서 문을 닫고 있는 나라는 북한이 유일하다. 이전에는 쿠바, 알바니아, 중국 등도 해외에 문을 잠그고 자기들끼리만 살았다. 하지만 중국은 이제 세계에서 가장 적극적인 통상 국가가 되었고 쿠바, 알바니아도 문을 열었다. 외국인들이 쉽게 이 나라들을 방문할 수 있고, 또 쿠바인들도 외국에 나갈 수 있다. 돈이 없어서 실질적으로 나가기 힘든 문제는 있지만, 공식적으로 쿠바인들도 자유롭게 해외를 다닐 수 있는 권리가 있다.

하지만 북한은 아니다. 외국인들도 북한을 자유롭게 방문하기 쉽지 않고, 북한 사람들도 특별한 허가를 받지 않는 한 외국에 나가는 것이 불가능하다. 외국의 정보도 차단되어서 북한 사람들은 다른 나라가 어떻게 살아가는지 알 수 없다. 이렇게 비밀스러운 국가이다 보니, 북한을 방문하는 것은 그 자체로 이야깃거리가 된다. 미국의 카터는 북한을 방문해서 김일성과 만난 것으로 유명한 북한통이 됐다. 농구 선수 로드맨이 북한을 방문해서 김정은과 사진을 찍은 것도 유명한 사건이 됐으며, 김대중 대통령이 김정일을 만난 것은 노벨상감이다. 그 이후에도 한국의 정치가들은 북한 지도자인 김정일, 김정은을 만나겠다고 공약을 내걸곤 했다. 북한에 들어가서 북한 지도자를 만나기만 해도 유명인이 된다.

1870년대 이전의 조선도 마찬가지였다. 서양인이 아무도 없는 조선에 들어가면 유명한 케이스가 된다. 선교가 자유롭게 인정되는 곳에서 선교 활동을 하는 것은 크게 인정받기 힘들다. 하지만 서양인의 접근이 불가능한 조선에서 선교 활동을 하는 것은 정말 대단한 각오가 필요한 일이며, 인정받는 일이다. 어려운 일인 만큼 이에 따르는 영광도 크다.

오페르트가 모험가, 개척자로 불릴 수 있었던 것도 그 때문이다. 모험이라고 할 수 있는 일이 거의 남아 있지 않은 세계에서, 조선을 방문하고 돌아다닌 일은 그네들에게는 분명 짜릿한 모험이었다. 지금 북한을 방문하고 지방을 돌아다니는 것이 모험으로 인식되는 것과 마찬가지다.

이 당시 조선의 개방은 세계사적으로도 중요했다. 조선은 당시 세계인의 인식으로는 거의 마지막 남은 미 개방 국가였다. 조선만 개방되면 전 세계가 하나의 세계, 하나의 시장이 되는 것이다. 조선 개방의 크나큰 역사적 의의가 아닐 수 없었다.

지금 우리는 2010년대를 역사상 가장 세계화된 시대로 생각한다. 하지만 그렇지 않다. 19세기 말부터 20세기 초까지가 가장 세계

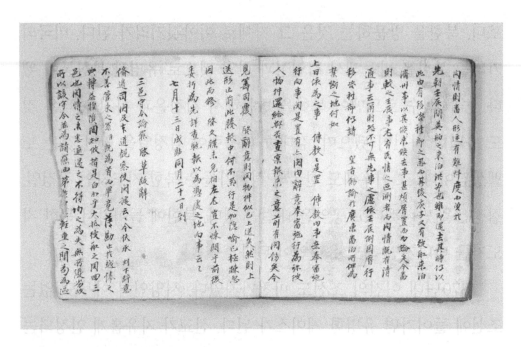

양선사실(洋船事實). 국립민속박물관. 1845년 5월부터
7월까지 행제주목사(行濟州牧使) 겸제주진(兼濟州鎭) 병
마수군절제사(兵馬水軍節制使) 전라도수군방어사(全羅道
水軍防禦使) 권직(權溭)이 제주도 인근에 출몰한 이양선
에 대해 보고받은 문서와 문정기(問情記), 순영(巡營)의
장계(狀啓)와 관(關) 등을 필사한 책이다. 조선 왕조는
이양선의 상륙을 철저히 금지했다.

화된 시대이다. 이때의 국가 간 무역 비중이 지금보다 더 컸다. 또
이때는 사람들의 국가 간 이동도 자유로웠다. 외국으로 갈 뱃삯이
없어서 가지 못할지언정 돈만 있으면 누구나 어떤 나라든 갈 수 있
었다. 지금은 여권과 비자가 있어야 외국을 갈 수 있는데, 이때에는
세계적으로 여권과 비자란 것이 존재하지 않았다. 조선처럼 외국인
이 들어오는 것을 막는 국가만 방문하기 힘들었고, 보통 나라들에서
국가 간 이동은 자유로웠다.

　무엇보다 이때는 국가 간 자유통상이 세계 모든 나라에 이익이
라고 생각할 때였다. 애덤스미스의 『국부론』에서는 자유무역이 국

가의 부를 증대시킨다고 했다. 리카도(David Ricardo)는 모든 나라들이 자기 나라가 잘 만드는 것에 집중하면 모두가 이익을 볼 수 있다고 했다. 많은 나라들이 외국과 통상을 증대시키려고 노력했다. 세계가 서로 문을 열고 개방하는 것이 경제 발전과 성장을 이끌 수 있는 길이라고 생각했고, 그래서 서양 국가들이 아시아까지 와서 통상의 문을 두드렸다.

지금은 서구 열강과 아시아 식민 국가와의 통상은 모두 다 이익을 보는 것이 아니라 어느 일방만 이득을 보는 것이라는 주장도 있다. 선진국과 개도국 간의 통상 거래는 선진국에만 유리하고 개도국은 오히려 손해를 볼 수도 있다. 그런데 이런 학설은 1870년대에는 없었다. 제국주의 국가와 식민지 국가 간 무역은 제국주의 국가만 유리할 뿐이고, 식민지 국가들은 제국주의에게 착취당할 뿐이라는 주장은 1917년 출간된 레닌의 『제국주의론』에서 시작됐다. 선진국과 개도국 간 거래가 개도국에게 불리할 수 있다는 것은 종속이론인데, 이것은 1960년대에 나온다. 19세기 말은 자유무역 이론이 거의 통설로 인정받을 때이다. 무역을 하면 모두가 다 이익을 볼 수 있다고 보았다. 그래서 19세기 말은 진정한 세계화 시대였다. 21세기 현재보다 훨씬 더 자유무역이 보편화되었고, 모두가 적극적으로 참여했다.

이런 세계화 시대에 오직 한 나라가 그 추세에 참여하지 않고 있었다. 조선은 외따로 떨어져 있는 나라도 아니다. 서구 제국들이 특별히 접근하기 어려운 곳에 있지 않았다. 당시 중국, 일본을 오고가는 서양 배들은 굉장히 많았다. 중국의 천진, 위해, 대련 등을 향하다 보면 가까이 조선이 보인다. 일본의 서부 해안을 오고가는 배, 러

1853년 1월 부산 앞바다에서 목격된 미국의 포경선.

시아 블라디보스토크로 가는 배들도 도중에 조선을 볼 수 있다. 그렇게 계속해서 조선 땅이 보이는데도 조선과는 통상을 할 수 없었다. 조선은 점점 더 관심의 대상이 되었고, 조선의 문호를 개방하는 일의 가치도 점점 높아갔다.

그래서 서양 제국들은 열리지 않는 조선의 문을 계속 두드렸다. 그것이 세계에서 몇 남지 않은 모험이자 개척이면서 세계 경제사적으로도 의미 있는 일이었기 때문이다. 금단의 조선은 그렇게 세계 각국이 도전하는 대상이 됐다.

수천 년을 이어온
중계 무역의 종말

조선이 개방한 이후, 조선 말 내내 가장 많이 수입한 물품은 면직물이다. 한국의 겨울은 춥다. 비단은 비싸고, 베로 짠 옷은 따뜻하지 않다. 비단보다 저렴하면서 보온도 되는 면직물은 큰 인기를 끌 수밖에 없었다.

『이코노미스트』는 조선의 면직물에 대한 여러 가지 이야기를 소개했다. 영국의 면직물이 조선에서 인기를 끌었기 때문이다.

About one-half of the total imports consist of cotton goods, almost all of which are supplied from Manchester(England City). (1891년 7월 11일)

조선의 수입품 중 절반이 면직물이며, 그 중 대부분을 맨체스터에서 공급하고 있다.

원래 면직물 산업의 붐은 인도산 면직물이 열었었다. 인도산 면직물이 영국의 모직물 산업을 위협하자 영국은 인도에서 수입한 원면을 활용해 맨체스터 지역을 중심으로 자체 면직물을 생산하기 시작했다. 식민지 노동력을 이용한 값싼 원면과 기계화된 생산 공정을 통해 영국은 고품질, 저가의 면직물로 산업의 중흥기를 걸어갔고, 수공업 중심의 인도 면직물 시장까지 잠식했다. 미국도 후발주자로 면직물 산업을 발전시켰지만 조선에서 인기가 있는 것은 영국산이었다. 나중에는 일본도 면직물을 생산했다. 영국산에 비해서는 가격이 저렴했지만 아무래도 품질이 떨어졌다.

조선에 들어오는 영국 면직물은 맨체스터에서 생산됐다. 그렇다고 맨체스터에서 조선으로 직접 수출한 것은 아니고, 인도의 봄베이(현재 뭄바이)를 통해 중계 무역을 했다. 식민지 국가인 인도에 먼저 수출되고, 그 면직물이 다시 조선으로 들어오는 것이다.

그런데 『이코노미스트』는 조선의 면직물 수입이 늘어나기는 하는데, 그 거래가 조선이 아닌 일본, 청나라 상인들에 의해서 이루어진다고 기록했다. 일본이나 청나라 상인들이 인도 봄베이에서 온 면직물을 사서 조선에 가지고 와 판매한 것이다. 즉 조선의 면직물은 청나라나 일본의 중계 무역으로 수입되고 있었다.

Imports are set down as being derived mainly from China and Japan. Of the imports from those countries, however, a large portion consists of goods of British origin landed there and re-exported to Corea. (1892년 8월 13일)

조선의 수입은 주로 청나라와 일본을 통해 이루어진다. 하지만 이 수입품 중 상당수는 영국에서 만들어진 뒤 조선으로 다시 수출된 것이다.

중계 무역으로 거래가 이루어진다는 것 자체가 이상한 일은 아니다. 중계 무역은 무역 초기에 자주 일어나는 일이다. 하지만 조선의 면직물 수입은 개항 초기만이 아니라 1900년대까지 내내 중계 무역이었다. 개화기의 끝인 경술국치까지 무려 30여 년간 영국의 면직물을 중계 무역으로 수입한 것이다. 국제 무역에서 이렇게 오랫동안 중계 무역이 이루어진다는 일은 흔치 않다. 그런데 그것이 조선 말기에 실제로 일어났다.

A국가에서 100원에 판매되는 상품이 있다. B국가의 상인이 이것을 수입해서 120원의 가격으로 자기 나라에 판매한다. 20원의 이익을 남기는 것이다. 그런데 B국가의 상인이 이것을 자기 나라에 판매하지 않고 C국가에 판매한다고 하자. B국가 상인은 자기 이익은 그대로 챙겨야 하니, C국가에 120원을 받고 판매한다. C국가의 상인은 120원에 구입해서, 자기 이익 20을 붙여 140원으로 자기 나라에 판매한다.

이것이 중계 무역이다. B국가 상인의 입장에서는 자기가 상품을 만들 필요도 없고, 상품을 일반 소비자에게 판매하는 노력을 할 필요도 없으니 중계 무역은 수고에 비해서 이익이 굉장히 많은 거래 방식이다.

하지만 만약 C국 상인이 생산국 A국으로부터 직접 물건을 구입하면 어떻게 될까? B국을 거치지 않고 A국에서 100원에 구입해 자기 나라에서 130원에 판매하면 자기 이익은 30원이 된다. 이익은 20원에서 30원으로 늘어나는데, 판매가격은 140원에서 130원으로 더 싸진다. 가격이 저렴해진 만큼 상품도 더 잘 팔릴 테니 이익도 훨씬 더 늘어난다. 그래서 중계 무역은 이익이 많이 남기는 하지만 대부분 오래 지속되기 힘들다.

C국 상인은 처음에는 A국에서 상품을 구입할 수 있다는 것을 모르고 B국 상인에게 구매를 한다. 하지만 A국에서 상품을 직접 구입할 수 있다는 사실을 알게 되면 B국 상인을 거치지 않고 직접 A국과 거래하려 한다. 그래서 중계 상인들은 자기가 어디에서 물건을 사는지, 어떻게 사는지, 얼마에 사는지를 절대 비밀에 붙인다. 이것이 구매자에게 알려지는 순간, 더 이상 중계 무역은 이루어지지 않는다. 구매자는 판매자와 직거래를 시도한다.

처음에 조선이 개항을 했을 땐 당연히 해외 시장에 대한 정보를 알 수 없었다. 그래서 청나라, 일본 상인들이 중계 무역으로 면직물을 수입해 들어오는 것을 당연하게 여겼다. 하지만 조금 시간이 지나면서 조선 상인들도 이 면직물이 어디에서 들어오는지, 그리고 원래 가격이 얼마인지를 알게 된다. 그 정보가 특별히 비밀도 아니다. 면직물이 봄베이에서 실려 들어온다는 것, 일본과 청나라 상인들이 중계 무역을 하고 있다는 것, 그리고 면직물의 국제 시세가 얼마인가 하는 것까지 모두 『이코노미스트』지에 나와 있다.

그런데도 조선에서는 봄베이에서 직접 상품을 수입해 판매하는 수입상이 나오지 않았다. 수입해서 판매하기만 하면 큰 이익이 보장되는데도 조선에서는 이 중계 무역을 깨는 무역회사가 나오지 않았다. 30년 넘게 영국 면직물을 수입하는데도 영국, 인도와 직거래가

1890년대 붙박이 가게. 일용잡화부터 신발까지 파는
일종의 만물상이다.

이루어지지 않은 것이다. 이 기간 동안 청나라 상인과 일본 상인들은 엄청난 이익을 얻었을 것이다. 길어야 몇 년 할 수 있는 중계 무역을 조선을 대상으로는 수십 년 동안이나 했으니 큰돈을 벌지 않으려야 않을 수가 없다.

도대체 왜 이때에는 조선의 수입상이 나오지 않았을까? 가장 중요한 이유는 상인들이 마음대로 외국을 나갈 수 없었기 때문이다. 당시 해외를 가기 위해서는 정부의 특별한 허가가 필요했다. 마음대로 외국을 가면 처벌의 대상이다. 그런데 해외 방문 허가는 관료들 등 국가 업무를 하는 사람, 이들과 같이 동행하는 사람들에게만 주

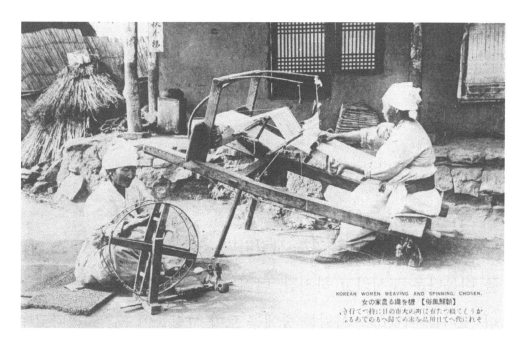

우편엽서. 국립민속박물관. TAISHO에서 발행한 조선 풍속 엽서로 베틀에서 베를 짜는 여인과 물레를 돌려 실을 뽑는 여인을 찍은 사진이 흑백으로 인쇄되어 있다. 목화를 이용한 면직물은 조선에서도 적지 않은 양이 생산됐지만, 대량생산으로 들어온 수입품을 이겨낼 수는 없었다.

어졌다. 일반 상인들은 외국에 나갈 수 없었다. 면직물이 생산되는 맨체스터, 동양의 면직물 무역 거점인 봄베이에 가는 것이 불가능했다. 조선 상인들은 이 중계 무역에 끼어들 수 없었다. 덕분에 청나라 상인, 일본 상인들이 쉽게 큰 돈을 벌어갔다.

조선의 산은 민둥산?

다른 나라에 대한 평가는 사람마다 조금씩 다르다. 프랑스 파리를 아름다운 도시라고 하지만, 더러워서 싫다고 하는 사람들도 있다. 로마를 여행하는 사람들 중에는 로마 사람들이 불친절하다고 싫어하는 사람도 있고, 반대로 로마에 반하는 사람도 있다. 뉴욕의 거리를 보고 감탄하는 사람도 있고, 낡은 건물에 실망했다는 사람들도 있다. 다른 나라를 방문했다고 해도 우리는 실제로 그 나라의 극히 일부분만 보고 경험할 뿐이다. 자기가 방문하고 경험한 것만으로 그 나라를 판단하기 때문에 그에 대한 평가는 지극히 주관적일 수밖에 없다.

조선 말, 서양인의 평가도 마찬가지다. 조선 여행기를 쓴 사람들마다 조금씩 이야기가 다르다. 조선인은 술을 좋아하기 때문에 술에 취한 사람을 길거리에서 항상 볼 수 있다고 한 서양인도 있고, 자기가 조선에 머무르는 2년 동안 술에 취한 사람을 길에서 단 두 명만 보았다는 사람도 있다. 조선 사람들은 순박하다고 말하는 사람도 있고 싸움질을 많이 한다고 적은 사람도 있다. 지금 한국에서도 매일 밤 홍대나 강남역 거리에 술 취한 사람들이 돌아다닌다. 하지만 주택가 주변에서만 생활한다면 1년이 지나도 취객을 보기 힘들 것이다.

그런데 조선을 방문한 외국인마다 거의 똑같은 말을 하는 경우가 있다. 방문한 지역도 시간도 목적도 다른데, 똑같은 말을 한다. 그렇다면 이것은 조선의 실상에 가깝다고 할 수 있을 것이다. 외국인들에 따르면, 조선의 산에는 나무가 없다. 산이 많기는 한데 나무는 없다. 산 전체에서 나무 한 그루만 보았다는 얘기도 나온다. 조선말, 한반도의 산은 민둥산이었다.

조선을 방문하는 외국인은 대부분 일본이나 중국에서 배를 타고 들어왔다. 아니면 압록강을 건너 중국에서 육지로 들어왔다. 지금은 비행기를 타고 한국으로 곧장 들어오지만, 그 당시는 일본이나 중국을 거쳐야만 했다. 이들에게는 조선의 산에 나무가 없다는 사실이 꽤나 인상적이었던 것 같다. 일본과 중국에서는 산에 나무가 많았는데, 조선으로 넘어오면 그렇지 않다. 배를 타고 해안가를 지나오며 처음 접한 조선의 풍경은 나무 없는 산의 연속이었다. 그것이 바로 외국인이 바라보는 조선의 특징이 되었다.

조선 전역에 나무가 없었느냐 하면 그건 아니다. 이 당시 함경도, 강원도 산속에는 호랑이, 늑대, 여우가 많이 살았다. 조선의 주요 수출품 중 하나가 바로 동물 가죽이었다. 나무가 하나도 없는 곳에서 늑대와 호랑이가 살 수 있을 리 없다. 함경도, 강원도 등 산악 지대는 울창한 숲이었다. 하지만 일반 주거지 옆의 산들은 황폐화가 심각했다. 기후나 토질 때문은 아니다. 당시 조선의 산에 나무가 없었던 것은 사람들이 모두 땔감으로 베어갔기 때문이다. 조선 정부에서는 나름 벌채를 제한하기도 하고, 수시로 나무를 심기도 했다. 무분별한 벌채를 토지 사유화로 극복하기 위해 몇몇 학자들을 중심으로 '공유지의 비극'과 유사한 논의를 전개하기도 했다. 하지만 늘어나는 수요를 감당하기에는 역부족이었다.

조선 시대 사람들은 주로 나무로 밥을 짓고, 나무를 때서 방을 따뜻하게 했다. 그런데 난방용으로 나무를 사용하면 정말로 엄청난 양이 필요하다. 한아름의 나무를 해도 하루 정도밖에 못 간다. 마당에 사람 키 정도 높이로 나무를 쌓아놓아도 한 달이면 다 쓴다. 한 집도 아니고 마을 전체가 이런 식으로 나무를 사용하면 산의 나무가 당해내지를 못한다.

나무를 땔감으로 사용한 것은 조선만이 아니라 세계 모든 나라 공통이었다. 땔감 말고도 나무는 다용도로 쓰이는 자원이다. 인구가 늘고 산업이 발전할수록 나무의 수요는 기하급수적으로 늘었고, 이는 석탄이 사용되기 시작한 근대 이전 사회의 공통점이기도 했다. 하지만 다른 나라들은 나무를 심고 관리하면서 나무를 사용했다. 조선도 중기까지는 나무를 관리하면서 나무를 사용했다고 본다. 하지만 조선 말에는 나무를 심지않고 사용하기만 했다. 나무가 없는 조선, 당시 외국인들이 공통적으로 말을 하는 사항이다.

1894년 부산에 도착한 『르 몽드』지의 특파원 비고는 다음과 같은 소감을 남겼다. "부산은 작고 적막한 항구이며 산에도 나무가 거의 없다. 일본인들이 심은 소나무만 울창하다." 사진은 1904년 부산항의 모습.

지나치게 유능했던 조선 관료의 부패

조선을 방문한 서양인들이 공통적으로 남긴 말은 또 있다. 조선의 관료들은 부패했다는 것이다. 가난한 조선인이 아무 일도 안 하고 무기력하게 사는 원인 역시 조선 관료들의 부정부패에 있다고 했다. 조선 관료들의 부정부패가 서양인들의 눈에 굉장히 인상적이었나 보다. 그렇지 않으면 그렇게 많은 서양인들이 한목소리로 관료들의 부정부패를 성토하고 비난하는 글을 남기기 힘들 것이다.

흔히 부정부패라고 하면 떠올리는 모습들이 있다. 관료의 부정부패란 보통 돈을 받고 편의를 봐주는 식이다. 사업을 하려고 허가를 받을 때, 원래는 허가가 안 나오는 것인데 공무원에게 돈을 주고 허가를 받는다. 인허가 절차가 오래 걸릴 때는 돈을 주고 이른바 '급행열차'를 탄다. 범죄를 저질렀을 때는 돈을 주고 잡혀가지 않도록 한다. 한국만이 아니라 어느 나라에서건 이런 식으로 부정부패가 이뤄진다.

그런데 당시 조선 관료, 특히 지방 수령이나 아전들의 부정부패는 그런 차원을 뛰어넘어 유독 심각했다. 이들은 돈이 있는 사람을 그냥 잡아갔다. 죄목은 만들어내면 그만이었고, 돈을 내놓아야 풀어주었다. 돈이 있는 사람 대신 그 사람의 친척을 잡아가는 일도 허다했다. 그러니 이런 사회에서는 절대 다른 사람들보다 돈이 많으면

안 됐다. 열심히 일해 돈을 벌어봐야 감옥에 갈 뿐이고, 그러면 번 돈을 모두 관료들에게 빼앗기기 때문이었다. 조선 말기, 백성들은 돈을 벌려고 하지 않았다. 그냥 간신히 먹고사는 수준에서만 살아갔다. 많은 외국인들이 조선 사람들을 가리켜 무기력하고 아무 일도 하지 않으며 게으른 사람들이라고 말한 원인이 여기에 있었다.

영국의 여행가 비숍(Isabella Bird Bishop) 여사의 눈에 비친 조선 사람도 무기력한 모습뿐이었다. 활력이 전혀 없는 이들을 보고 비숍은 조선과 조선 사람에 대한 비관적인 평가를 내렸다. 하지만 조선 여행을 마치고 만주에 간 순간 비숍 여사는 자신의 평가를 수정할 수밖에 없었다. 만주의 조선인은 조선의 조선인과는 딴판이었다. 성실하게 일을 하고 빠릿빠릿했다. 조선에서 이주해온 지 얼마 되지 않은 조선인조차 본국의 조선인과는 너무 달랐다. 이런 차이는 대체 어디서 생겨난 걸까?

비숍 여사가 찾아낸 결론은 바로 관료의 부패였다. 조선에서는 열심히 일해서 돈을 벌면 관료들이 다 빼앗아갔다. 그러니 일을 할 필요가 없다. 하지만 만주에는 일을 해서 돈을 벌면 모두 자기 수입이 될 수 있었다. 비숍 여사는 만주의 조선인을 보면서 원래 조선인이 무기력하고 게으른 사람들이 아니라는 것을 알게 된다.

윌리엄 길모어(George W. Gilmore)는 『서울풍물지 *Corea of Today*』(1894)라는 책에서 자기 집에서 일했던 조선인 요리사 이야기를 남겼다. 조선인 요리사는 서양인과 오랫동안 일을 하면서 많은 돈을 벌 수 있었고, 계속 자신이 고용되길 원했다. 고용주가 그 이유를 묻자 요리사는 이렇게 대답했다.

"지금은 서양인 집에서 일을 하고 있으니까 조선 관료들이 나를 건드리지 않는다. 조약상 한국 관료들은 서양인과 서양인에 고용되어 일하는 조선인들에게 간여할 수 없기 때문이다. 하지만 내가 여기를 그만두면 바로 관료들이 나를 찾아올 거다. 그리고 돈을 빌려달라고 할 거다. 빌린다지만 그 돈은 돌려받지 못한다. 만약 거절하면 나를 감옥에 가둔다. 이 일을 그만두면 난 모든 재산을 뺏긴다. 그러니 계속 여기에서 일하게 해달라."

조선 관료들이 꼭 돈이 있는 사람을 잡아갈 필요도 없었던 것 같다. 그 친척을 대신 잡아 가두면 되기 때문이다. 잡혀온 사람이 돈이 없다고 얘기하면 이렇게 얘기를 꺼낸다.

"네가 돈이 없다는 건 나도 알고 있다. 하지만 네 사촌 아무개는 돈이 있지 않느냐. 그에게 돈을 가져오라고 해라."

조선은 대가족 사회였다. 기본적으로 8촌 이내를 한 가족으로 여겼다. 그리고 친척의 어려움은 발을 벗고 도와야 했다. 그렇지 않으면 주변 사람들로부터 엄청난 비난을 받는다. 돈이 있는 사람은 친척을 구하기 위해 어쩔 수 없이 자기 돈을 내놓아야 했다.

조선 관료들은 정보력이 뛰어났던 것 같다. 백성들 중 누가 돈이 있고 없는지, 누가 최근 돈을 벌었는지를 모두 파악했다. 또 돈이 있는 사람의 친척이 누구인지도 알고, 이 사람을 건드려도 되는지 안 되는지도 파악했다. 그런 것들을 알기 위해서는 백성 개개인의 일상

생활들을 자세하게 알아야 한다. 그런 점에서 조선 관료들은 자기 관할 지역의 백성들을 굉장히 많이 아는 편이었다. 조선 관료들은 무능하지 않았다. 문제는 그런 밀착 정보들을 백성들을 착취하는 데 사용했다는 점이다.

조선 백성들 역시 굉장히 지혜롭고 합리적이었다. 그들은 합리성을 발휘한 결과, 아무 일도 하지 않기로 결정한 것이다. 이것이 조선 말기의 무기력한 조선인에 대한 외국인들의 해석이었다.

제2장
서구 제국주의

"여기에서 우리가 아시아 국가의 정부와 충돌할 수밖에 없는
두 가지 개별적인 이유가 발생한다."

공정하지 않은 출발선과 정당하지 않은 방법들. 한쪽에서는 자유주의를 앞세운 제국의 침략이, 다른 한쪽에서는 관료제를 등에 업은 상권의 부패가 경쟁했다. 변명할 길 없는 제국주의의 경제 침탈 과정 중에도 변명의 목소리는 나왔다. 이들은 자유 시장을 내세우며 상대국 관료의 부패를 공격했다. 그리고 늘 그렇듯, 이기는 쪽은 군대를 개입시킨 제국주의 국가들이었다.

목표는
완전한 시장 개방

●

19세기 중국은 서양 제국들에 의해서 계속 침탈당한다. 1842년 제1차 아편전쟁에서 영국에 패해 시장을 개방해야 했고, 1860년 제2차 아편전쟁(애로우호 사건) 이후 더욱 큰 시장을 서구 국가에 개방해야 했다.

무력에 맞설 수 없는 상대국은 서양의 요구에 늘 응할 수밖에 없다. 이러저러한 꼬투리를 찾아낸 서양 국가는 군대를 끌고 와서 더 큰 시장을 요구한다. 그럼 결국 국토 대부분이 서양 국가의 세력권으로 넘어간다. 통상 요구와 그 뒤에 이어지는 무력, 더 많은 시장 개방과 또다시 이어지는 무력 사용……. 아시아 국가가 침탈당하는 과정은 대체로 그랬다.

조선도 마찬가지였다. 조선은 일본의 무력시위에 의해 시장을 개방했다. 처음에는 부산, 인천, 원산 항구만 개방했다. 그런데 1882년 임오군란을 빙계로, 일본은 조선과 제물포 조약을 맺고 조선에 상주문(上奏文) 초. 국립민속박물관. 임금에게 올리는 시정(時政)에 관한 글의 초본(草本). 아편전쟁 전후의 중국 정세를 언급하고 우리나라의 현 상황과 양이(洋夷)와 화친을 우선 도모하고 있는 신하들과 현실을 개탄하는 내용.

주둔할 수 있는 권리를 획득했다. 청나라는 조청상민수륙무역장정을 체결해 한양의 양화진을 추가 개방시키고, 결국 내륙 지역까지 들어갈 수 있는 권리를 쥐었다. 1884년 갑신정변 때도 일본군과 청나라 군대가 조선에 들어왔고, 이후 내정간섭과 시장 침탈은 더욱 심해졌다. 조금 시장을 개방하고, 뒤이어 군대의 위협이 가해지면서 시장 개방이 더 이루어지고, 다시 군대가 개입해서 더 많은 시장을 개방해야 했던 것이다.

서구 열강들의 아시아 침탈 과정을 보면, 그들은 아시아 국가의 완전한 시장 개방을 목적으로 삼고 그에 따라 차근차근 단계를 밟은 것으로 보인다. 처음부터 완전한 시장 개방을 요구하면 거부 반응이 크게 돌아온다. 그래서 일단 하나나 두 개의 항구를 개방하는 것만을 요구한다. 한두 개의 항구가 개방되면 일단 거기서 통상을 하다가, 시간이 지나면 더 많은 항구를 개방할 것을 요구한다. 말을 듣지 않으면 군대를 동원한다. 그 뒤 시간이 좀 더 지나면 더 많은 시장을 요구한다. 이렇듯 점진적으로 아시아 국가의 시장을 침탈해 나간다.

그런데 『이코노미스트』는 좀 다른 이야기를 하고 있다. 영국이 어떻게 아시아 국가, 중국의 시장을 점점 넓히게 되었는가에 대해 색다른 시각의 논지를 편다.

서구 제국의 상인들은 아시아 국가에서 통상을 한다. 그런데 아시아 국가와 통상을 하다 보면 항상 갈등이 발생하고 문제가 생긴다. 일단 아시아, 특히 중국 상인들은 국가의 힘을 빌려서 사업에 개입하려는 특성이 있다. 정부 관료, 포졸 들을 동원해서 사업을 방해하고 간여를 한다. 정당하게 물건을 많이 파는 것으로 경쟁을 하지 않고 어떤 식으로든 정부를 개입시키려 한다는 것이다.

When we (England) trade with France, with Russia, or with America, our merchants need no protection — We do not require in dealing with such States to take the law into our own hands, to send out a force to protect our merchants …

In the East the case is notoriously different — It is notorious that when they have thus forced their way, they insist upon the protectiona and countenance of their own Government … Two separate cases of difficulty arise which bring us into coalition with the Governments of Oriental nations … (1864년 6월 4일)

프랑스나 러시아 혹은 미국과의 교역에서는 상인에 대한 특별한 보호조치가 필요하지 않다. 상인을 보호하기 위해 군내를 파견하거나, 상대국에 압력을 넣어 입법 조치를 강요할 필요성도 없다.

하지만 동아시아에서는, 당혹스럽게도 상황이 정반대다. 동아시아의 상인들은 정부의 뒷배와 보호를 고수하며, 자신들의 방식을 막무가내로 적용하려 든다. 여기에서 우리가 아시아 국가의 정부와 충돌할 수밖에 없는 두 가지 이유가 발생한다.

사업 방식 말고도 아시아와 서양의 관습은 달랐다. 특히 사람을 체포하고 처벌하는 방법에서 차이가 컸다. 당시 서양에서는 법치주의가 거의 완비되고 있었다. 법치주의란 권력과 권위에 의지하는 대신 법에 의한 통치를 따른다는 의미다. 의심만으로는 사람을 체포할 수 없고, 정말로 지은 죄가 있으며 법원의 영장이 발부되어야만 체포가 가능했다. 체포됐다 하더라도 변호사 등의 도움을 받을 수 있었다. 법원의 판결이 있기 전까지는 벌을 받지도 않았다.

하지만 아시아의 상황은 달랐다. 단순한 의심만으로 경찰은 사람을 체포할 수 있었다. 법원 판결이 없어도 계속해서 감옥에 넣어둘 수 있었다. 수령이 범죄 의심자를 체포했는데, 다른 사람들이 와서 억울하다고 성토하거나 풀어달라고 요구할 수도 없었다. '어디 감히 사또에게 일반인이 와서 이러쿵저러쿵 할 수 있나. 내가 알아서 풀어줄 때까지 그냥 기다리라'는 식이다. 잡혀간 사람의 가족은 대놓고 항의하지는 못하고 이런저런 선을 대고, 뇌물을 주어 문제를 해결하기 십상이었다.

아편파이프. 국립민속박물관. 중국의 차가 영국 시장을 점유하는 사태가 벌어지자 영국은 마약류인 인도산 아편을 중국에 판매한다. 청의 황제인 도광제와 임칙서는 아편에 대해 강경책을 폈지만 무력을 앞세운 영국의 힘에는 속수무책이었다.

『이코노미스트』의 판단으로는 아편전쟁도, 애로우호 사건도 결국 이런 문제 때문에 발생했다. 아편전쟁은 영국 배에 중국 관원들이 함부로 들어가 아편 등을 압수한 일이 발단이었다. 애로우호 사건도 중국 관원들이 애로우호에 들어가 선원을 체포해서 끌고 간 것에서 기인했다. 물론 영국 배에 아편이 실려 있는 것은 잘못이지만 아무리 그래도 영국 입장에서는 압수 영장 없이 마음대로 물건을 끌어내는 건 안 되는 일이다. 애로우호가 해적선 혐의를 받고 있다 해도, 의심만으로 선원을 체포하는 것은 부당하다. 하지만 아시아 국가에서 이런 것은 문제되지 않는다. 의심스러운 배에 들어가서 뒤지고 물건을 압수하거나, 범죄자로 의심받는 사람을 그냥 끌고 가는 것은 중국 관료들에게 당연한 일이다.

영국은 항의를 하지만 중국은 받아들이지 않는다. 협상을 하고 따져도 해결이 안 된다. 중국의 지방 수령이 일개 민간인의 요구에 따라 움직이는 일은 없다. 도리어 중국에서는 뇌물을 가져오지도 않고 논리적으로 따져대는 사람은 큰 미움을 받게 된다. 수령에게 대든다는 자체가 죽을죄에 해당한다.

이렇게 되면 영국 입장에서는 무력을 사용할 수밖에 없다. 전쟁에서 이기면 문제가 해결될 것이다. 중국의 사과를 받고, 문제를 일으킨 지방 관리는 책임을 지고 사퇴할 것이다. 체포된 사람은 풀려나고 손해배상도 받을 수 있다. 그런데 문제는, 이건 수지가 너무 안 맞는다는 점이다.

영국은 이 문제를 해결하기 위해 군대를 동원해야 했다. 전함 등 함대도 동원했다. 군대를 이끈 전쟁에는 엄청난 비용이 들어간다. 이렇게 큰돈을 들였는데, 전쟁의 원인이 됐던 문제 하나만 달랑 해결하고 나오기에는 손해가 막심하다. 그래서 영국은 원래 문제 외에 다른 이익이 될 수 있는 것을 요구했다. 전쟁에서 사용된 비용을 충분히 충당할 수 있을 만큼 이익이 될 수 있는 부대조건말이다. 그동안 개방되지 않았던 시장이 열리게 된 이유가 바로 이것이다.

『이코노미스트』에서는 서양 제국이 아시아 국가들에 조금씩 침투해가는 과정을, '군대를 동원할 수밖에 없는 사건의 발생 → 군대 동원에 따른 손해를 메꾸기 위해 더 많은 이권 요구 → 또 다른 사건 발생 → 군대 파견 → 군대 동원에 따른 이익을 보장하기 위해 더 많은 이권 요구'의 과정을 거치는 것으로 봤다. 그러니 영국은 처음부터 중국 시장을 완전히 잠식할 것을 목적으로 하고, 그 계획에 따라 차근차근 일을 추진한 게 아니라는 것이다. 동양의 국가와 통상을 하다 보면 분쟁이 발생하고, 분쟁을 해결하기 위해 군대를 동원하고, 전쟁을 끝내는 협상 과정 중에서 더 큰 시장 개방을 요구하게 되었다는 게 『이코노미스트』의 시각이다.

아시아 국가와의 통상은
왜 군대 파견으로 귀결되나

근대 제국주의가 아시아 국가들을 침략하는 과정에는 일종의 공식이 있었다. 처음에는 선교사가 방문하고, 그다음에 통상을 요구한다. 그러고는 이어서 군대가 온다. 중국, 한국, 일본 모두 그 순서를 겪었다. 세 나라만이 아니라 다른 아시아 국가들도 대부분 그런 과정을 거쳐서 서양의 나라들에 문호를 개방하고, 결국 무력에 굴복하여 식민지가 되어갔다.

처음에 선교사가 오는 것은 이해할 수 있다. 선교사는 기독교인이 아닌 사람에게 기독교를 전파하는 것이 사명이다. 기독교를 전파하려면 이 종교를 알지 못하는 사람들, 믿지 않는 사람들로 가득한 지역에 가야 한다. 이미 많은 사람들이 기독교를 믿는 서구에서는 선교사가 할 일이 별로 없다. 서구 국가들이 이미 진출해서 많은 사람들이 기독교에 대해 알고 있는 지역에서도 선교사의 임무는 많지 않다. 그래서 선교사들은 서구 국가들이 진출하지 않은 곳으로 갔다. 그런 곳에 기독교를 알지 못하는 사람들이 많이 있고, 자기가 도울 수 있는 사람들도 있는 것이다.

선교사가 온 다음에는 통상 요구가 따라온다. 자기 나라와 무역 거래를 하자는 것이다. 이때 오는 사람은 상인이다. 상인이 돈을 많이 벌 수 있는 때가 새로운 시장에 처음 진출해 성공하는 경우이다. 이미 잘 형성돼 있는 시장에 끼어들어 장사를 한다는 건 노력에 비해 벌 수 있는 한계가 있다. 아무도 진출하지 않은 새로운 시장에 먼저 들어가서 자리를 잡는 것은 상인으로서 매력적일 수밖에 없다.

하지만 아무리 새로운 시장을 목표로 해본들, 해당 지역에 대해 아무것도 모른다면 곤란하다. 최소한 어떻게 살고 무엇을 필요로 하는지, 특산품은 무엇이며 많이 생산되거나 풍부한 품목이 무엇인지 정도는 알아야 물건도 팔고 수입도 해올 수 있다. 그런데 이런 정보를 얻기 위해 낯선 땅에 처음으로 가는 데는 위험도 부담도 만만치 않다. 이럴 때 필요한 것이 바로 선교사다. 돈이 아니라 신념을 따르는 선교사는 자기 목숨보다 사명이 더 중요하기 때문에 위험한 지역에도 들어간다. 이 이후에 상인은 최소한의 안전과, 기본적인 정보를 확보한 상태에서 새로운 시장을 찾아 낯선 나라를 찾아간다. 한 마디로, 상인의 진출은 언제나 선교사보다 늦다.

서구 제국이 아시아 국가들에 처음 요구하는 것은 대부분 무역 거래다. 하지만 무역을 좀 하다 보면 분쟁이 발생해서 나중에는 서양의 군대가 들어오는 게 일반적이다. 이러한 과정을 몇 번 겪다 보니, 아시아 국가들도 서양의 통상 요구에 슬슬 고개를 내젓기 시작했다. 통상 요구가 침략의 단계적 절차라는 것을 확연히 깨닫게 된 것이다. 그래서 가장 늦게 서양에 문을 연 동아시아 지역에서는 이

매튜 캘브레이드 페리. 흔히 페리 제독으로 알려져 있다. 미 해군 소속으로, 1853년 함대를 이끌고 일본 시모다항에서 무력시위를 한 쿠로후네 사건으로 개항을 이끌어냈다.

들의 통상 요구를 거절하고 문을 닫았다. 서구의 통상 요구를 침략의 전조로 받아들였기 때문이다. 아시아 국가들이 보기에 서구 제국의 통상 요구는 군대가 진출하기 위한 바로 이전 단계였다.

그러면 서양은 정말 무력에 의한 침략의 전 단계로 통상 요구를 위한 상인을 보낸 것일까? 바로 군대를 보내기는 너무하니까 먼저 선교사를 보내고 그 다음에 상인을 보낸 것일까?

『이코노미스트』는 1864년 6월 4일, 1865년 1월 7일자 기사 등에서 다음과 같은 논리를 편다. 서구 제국, 특히 영국이 외국에게 요구하는 것은 통상이다. 영국은 외국과 무역 거래를 해서 돈을 벌면 그것으로 충분하다. 무역 거래는 보다 많은 나라와 할수록, 수입과 수출이 많을수록 좋다. 그런데 아시아 국가와 무역 거래를 하다 보면 이상한 현상이 발생한다. 그 나라 정부가 상거래에 간섭을 하고, 정부가 나서서 영국 상인들을 규제하고 억누르는 사태가 발생한다. 영국은 아시아만을 대상으로 사업을 하는 것이 아니다. 프랑스, 독일, 미국 등 서구 제국들과도 거래를 한다. 사실 큰 시장은 유럽 국가와 미국 시장이다. 아시아와 거래하는 것보다 더 큰 거래가 서구 국가들 사이에서 이루어진다. 그런데 프랑스, 독일, 미국 등과 통상을 할 때 그 나라 정부가 개입해서 문제가 발생하는 경우는 없다.

무역 거래를 하다보면 항상 손해 보는 사람과 이익을 보는 사람이 발생한다. 수출하는 국가에서 수출품을 만드는 사업자는 이익을 본다. 하지만 그 국가에서 이미 수출품을 사용하는 사람은 손해를 본다. 생산된 물품을 자기 나라에서 사용하지 않고 외국에 수출하면 그 물품의 가격은 오르기 때문이다.

반대로 수입하는 국가에서는 기존에 그 물건을 만들던 사업자들이 피해를 본다. 보통 수입품이 더 좋고 더 싸기 때문에, 그 나라에서 수입품을 만들던 사업자들이 망하는 것이다. 하지만 일반 국민들은 더 낮은 가격에 물건을 살 수 있기 때문에 이득을 본다. 무역 거래를 해서 수출을 하고 수입을 하다 보면 이렇게 손해 보는 사람이 발생한다. 서구 제국들 사이에서도 무역을 해서 손해를 보고 망하는 사람들이 나온다. 하지만 이렇게 망하는 사업자가 있다고 해서 국가가 개입하진 않는다. 사업을 하다 보면 성공과 실패는 다반사이기 때문이다.

그런데 아시아 국가에서는 그렇지 않다. 아시아 국가에서도 서구 국가들과 무역 거래를 하다 보면 손해 보는 사업자들이 나온다. 특히 기존에 수입 상품을 거래하던 사업자, 수입품을 만들던 사업자가 큰 손해를 입는다. 그런데 아시아의 사업자들은 그냥 물러서지 않는다. 그들은 정부와 관료들을 움직인다. 정부는 앞에 나서서 서구의 상인들을 규제하고 자기 나라 사업자를 보호하기 위해 규정을 만든다. 서구 상인들이 장사를 하지 못하게 하고 이익을 내지 못하게 한다. 서구 상인들의 입장에서 그 나라 국민들이 더는 자기 상품을 구매하지 않아 손해를 보게 되는 경우는 어쩔 수 없다. 하지만 정부가 나서서 서구 상인들을 규제하고 억압해서 손해를 보게 한다면 이야기가 달라진다.

이 시기 아시아에서는 행정과 군사가 구별되지 않았다. 행정과 사법 업무도 구별되지 않았다. 조선의 경우 사또는 평소에 지방 행정관이었다가 백성 간에 분쟁이 발생하면 이를 해결하는 재판관이기도 했다. 또 적이 쳐들어오면 군대 사령관이 되었다. 조선에서 지방 행정관인 사또가 나서면 포졸들이 따라붙었다. 이 포졸은 정부의 행정 관리이면서 경찰이기도 하고 또 군인이기도 하다. 아시아에서 지방관이 서구 제국의 무역회사를 방문해서 이러저러한 조치를 한다고 하면, 그것은 단순히 지방 행정관이 통상에 개입하는 것이 아니다. 경찰이 개입하는 것이기도 하고 군대가 개입하는 것이기도 했다.

영국의 무역업자들과 아시아 국가의 무역업자들끼리 분쟁이 발생하고 싸우게 된다고 해서 영국 국가가 개입할 일은 없다. 더구나 군대가 나설 일은 절대 없다. 무역업자의 이익을 위해 군대가 나선다는 것은 말도 안 된다. 그런데 아시아 국가들에서는 정부가 나선다. 단순히 정부 행정 관료가 나서는 것도 아니고 경찰, 군대가 개입해서 영국 회사들의 무역을 방해한다. 이렇게 되면 영국에서도 정부가 나설 수밖에 없다. 상대 국가의 군인이 영국 회사를 공격한다면 (관리가 행정 관료의 입장에서 영국 회사에게 뭐라 했다 하더라도 실제로는 경찰, 군인이 요구하는 것과 동일한 효과이다), 영국도 군인으로 응대할 수밖에 없다.

그래서 아시아 국가와의 통상은 결국 서구 제국의 군대 파견이라는 결말을 맞게 된다. 아시아 국가에서는 통상의 문제, 통상 기업 간 문제에 정부가 개입하기 때문이다. 그 결과 서구 국가들도 정부가 개입할 수밖에 없게 된 것이다. 당시 『이코노미스트』는 아시아 국가와의 통상이 군사적 개입으로 귀결되는 이유를 그렇게 보고 있다.

서구인과 아시아인은 다르다?

1800년대 말은 이른바 사회진화론이 활개를 펼 때였다. 사회진화론에 따르면 인간은 백인종, 황인종, 흑인종으로 나뉘는데, 이 중에서 백인이 가장 많이 진화되었고 뛰어나다고 봤다. 따라서 진화된 백인이 황인과 흑인을 지배하는 것을 당연시했다. 황인과 흑인 중에서는 황인종이 더 진화한 종족이라고 주장했다. 백인이 이 세상을 지배하고, 그 다음에 황인이 있으며, 흑인은 피라미드의 가장 밑바닥에서 살아가야 한다는 것, 사회진화론은 이를 약육강식의 세상에서 당연히 받아들여야 하는 일이라고 봤다. 이런 인종차별이 유행한 시대가 바로 1800년대 말~1900년대 초였다.

인종차별적 인식이 지배적인 시대였다고 하지만 막상 『이코노미스트』에서 그런 차별적 언급은 보이지 않는다. 아마도 『이코노미스트』가 그런 견해를 지지하지 않거나 받아들이지 않았던 것 같다.

아무리 인종차별이 일상적인 시대였다고 해도 모든 사람들이 다 그런 생각을 가지고 살아간 것은 아니었을 것이다. 물론 『이코노미스트』가 백인과 아시아인을 동등하다고 본 것은 아니다. 『이코노미스트』도 분명 아시아인은 백인에 비해 뒤떨어진다고 보았다.

1869년 8월 28일 『이코노미스트』 기사는 중국인의 이민 현상에 대해 이야기하고 있다. 『이코노미스트』는 중국인 등 아시아인들이 유럽 사회에 이민으로 들어오는 것에 찬성하는 입장이었다. 당시에는 중국인들이 미국에 이민 가서 철도를 만드는 일을 하곤 했다. 일본인들도 하와이에 가서 농장 일을 하고, 조선인들도 하와이, 멕시코 등에 일꾼으로 이주했다. 한편으로는 동양인들이 서구 사회로 이주하는 것에 대해 우려하는 목소리들도 있었다. 그러나 『이코노미스트』는 서구 사회에 동양인이 많이 이주하는 것이 경제적으로 볼 때 아무 문제가 없다고 보았다. 중국인들은 대부분 튼튼하고 또 일을 열심히 했다. 덩치는 서양인들보다 작을지 모르지만 노동력만큼은 결코 떨어지지 않는다. 하루 16시간 계속해서 일을 하는 것이 그들에겐 특별하지 않다. 돈을 더 주면 규정 노동시간보다 더 많은 일을 하고, 그에 대해 불만을 갖지도 않는다. 아시아인들은 "경제적으로" 볼 때 충분히 능력이 있는 사람들이다. 그러니 아시아인들을 차별할 필요는 없다는 게 『이코노미스트』의 주장이었다.

It may be taken as certain that the Chinese immigration would be an economic and in one way a moral good to the world. … He likes work — and will work on for sixteen hours a day if only he can see a

러일전쟁 직전의 일본군 모습. 서구 국가에게 일본군
은 용맹한 군대라는 이미지였다. 계급에 복종하고 책
임을 다하며 죽음을 두려워하지 않는 병사들이 일본
군의 이미지였다. 그러나 계급이 아닌 파벌과 신분에
좌우되는 작전과 무조건적인 상명하복, 정신력 우선
주의 등은 그들이 미처 알지 못했던 일본군의 고질적
문제였다.

prospect of money in return. (1869년 8월 28일)

중국인의 이민은 경제적인 면에서 이득이며 전 세계에 덕성을 구현하는 방법이 될 것이다. 그들은 일하기를 좋아하며, 대가만 주어진다면 하루 16시간의 노동도 불사할 것이다.

하지만 『이코노미스트』는 아시아인들을 "정치적으로" 볼 때는 문제가 있다고 생각했다. 아시아인들은 도덕적이지 않고 조직화에도 문제가 있다고 본 것이다. 물론 아시아인들도 조직을 운영한다. 중국인, 일본인들은 우수하고 엄격한 관료 조직을 가지고 있다. 하지만 이런 조직화는 이미 존재하는 조직에 무사히 적응하는 경우에 해당한다. 조직이 없는 상태, 완전히 자율적인 상태에서 아시아인들은 제대로 조직화를 이뤄내지 못한다.

… the Chinaman being as competent as the European but morally and politically we are not so sure. It is pretty clear that the kind of Chinaman who emigrates is a man of very inferior morale. We do not refer to his vices, though they strike at the very root of the social organisation …

Moreover, it is very doubtful whether the Chinaman's political capacity is equal to his industrial. That he can organise is certain, but that he can organise under the primary condition of leaving men free is much more doubtful. (1869년 8월 28일)

중국인의 유능함은 유럽인과 맞설 수 있을 정도이지만 도덕적, 정치적인 면까지 그런지는 회의적이다. 중국인 이주지들이 도덕성 면에서 열등하다는 것은 제법 분명한 사실이다. 범죄에 대해 언급하지는 않겠다. 그래도 그들은 사회 조직의 근간을 위협하고 있다.

게다가 중국인의 정치적 능력이 일에 대한 그들의 유용성만큼 뛰어난지는 매우 미심쩍다. 그들은 조직을 만들 수는 있지만, 외부의 통제 없이 그들 스스로의 힘으로 그렇게 할 수 있는가에는 의심의 여지가 많다.

이 문제는 제2차 세계대전 당시 일본군 포로와 영국군 포로의 사례를 보면 확연히 드러난다. 제2차 세계대전 때 일본인들은 동남아 지역에서 상당수의 영국군 포로를 잡았고, 포로수용소도 여러 개 운영했다. 마찬가지로 일본군도 미군에 포로로 많이 잡혔고, 연합군 관할 하에 일본군 포로수용소가 여러 개 생겼다. 이 포로수용소들은 포로들을 맘대로 풀어놓는다. 포로수용소를 관리하는 병사들에게 포로가 대들지 않고, 밖으로 도망가지만 않으면 포로들이 어떻게 지내는지 간수들도 상관하지 않는다. 일본이나 미군이나 포로수용소를 관리하는 일은 별 차이가 없었다. 하지만 두 수용소의 내부는 완전히 다른 모습을 보였다.

영국군이 모인 포로수용소에서는 내부 사회가 바로 정비됐다. 각자 자기들이 할 일을 정하고 임무를 만들었다. 청소를 담당하는 사람, 세탁을 담당하는 사람, 침구 정리를 담당하는 사람, 식품 배식을 담당하는 사람 등으로 자기들끼리 임무를 나눠 가졌다. 수용소 내부의 치안 등을 관리할 조직이 만들어지고 수용소 전체를 대표하는 리더도 정해졌다. 수용소 내부에서 문제를 일으키는 사람을 심판할 수 있는 법정 같은 것도 만들어졌다. 사회에서의 조직이 그대로 수용소 내부에서도 만들어진 셈이다. 간수들이 시킨 게 아니라 자발적으로 만들어진 조직이었다. 포로가 되기 전에 높은 장교였던 사람이 지휘하는 것도 아니다. 포로수용소 내부에서는 포로가 되기 전의 계급은 특별한 의미를 가지지 않는다. 가끔가다 포로수용소가 폐쇄되고 모두가 다른 수용소로 분산돼서 수용될 때도, 옮겨간 수용소 내에서 똑같은 식의 조직화가 이루어졌다.

그런데 일본인 포로수용소에서는 전혀 다른 모습이 나타났다. 일본인 포로들은 수용소 내에서 어떤 조직화의 움직임도 나타내지 않았다. 포로들은 가만히 있기만 했고, 간수들이 식당 배식 등 반드시 필요한 업무를 맡을 포로들을 지명해야 했다.

그래도 시간이 지나자 일본인 포로수용소에서도 조직화가 이루어졌다. 포로들 중에는 사회에 있을 때 조직폭력배(야쿠자)에 몸을 담고 있었던 사람들이 있다. 보통 백 명의 포로 중에는 한두 명의 야쿠자 출신이 있고, 천여 명을 수용하는 포로수용소라면 적지 않은 수의 야쿠자 출신이 있게 마련이다. 이들은 평소 알고 지내던 사이는 아니지만 서로의 출신을 쉽게 알아보고 같이 어울렸다. 그리고 이들이 포로수용소를 장악했다.

야쿠자 출신 포로들은 포로수용소 내부에서 왕같이 지냈다. 이들의 말을 듣지 않고 대항하는 포로들은 한밤중에 으슥한 곳으로 끌려 나가 잔인하게 폭력을 당했다. 일반인 포로들이 수적으로는 훨씬 더 많았지만, 대항할 엄두를 내지 못하고 야쿠자 출신 포로에게 복종했다. 이들이 공정하게 포로수용소를 운영했을 리는 없다. 일본인 포로수용소는 폭력으로 지배되는 곳이 되었다. 장교 출신이라 하더라도 이들을 제어하지 못했다. 일본인 포로수용소는 보통 먼저 들어온 사람들이 고참이 됐다. 그 전의 계급이 무엇인지는 전혀 고려되지 않았다. 오히려 고급 장교 출신들은 포로들로부터 괴롭힘을 당했다.

영국군 간수들은 이런 문제가 불거질 때마다, 지배자들인 야쿠자 출신 포로들을 다른 포로수용소로 전출시켰다. 하지만 한동안만 잠잠해질 뿐, 곧 새로운 지배층이 나타났다. 신규 포로들 중에도 야쿠자 출신은 있었고, 때로는 이들을 보고 배운 포로들이 폭력을 행사하며 새로운 주도권을 잡기도 했다.

영국군들이 모인 포로수용소에서는 특별히 어려운 점이 없었다. 물론 포로 생활은 고달프고, 일본인들이 포로를 대하는 처우도 심각했지만, 적어도 죄수들 내부 사회에서는 특별한 문제가 생기지 않았다. 하지만 일본인 포로수용소는 달랐다. 일본인 포로들을 어렵게 한 것은 영국군 간수들이 아니라, 포로수용소를 장악하고 있는 폭력 조직이었다.

『이코노미스트』도 아시아인들의 문제가 자율적인 상황에서 조직화를 하지 못한다는 것, 그리고 부도덕하다는 점에 있다고 지적한다. 아시아인들은 이미 조직화된 곳에서는 잘 적응했다. 군대 조직 내에서 일본인들은 제법 우수한 군인에 속했다. 하지만 군 조직에서 벗어나 아무런 제약이 없는 포로수용소에 들어가자마자 의미 있는 조직을 만들어내지 못했다. 이들은 자유로운 상황에서는 조직화를 할 필요성을 느끼지 못했다. 아니, 조직화가 무엇인지도 아예 몰랐다는 것이 맞는 말일 것이다. 게다가 일본인들은 부도덕했다. 기존 사회 조직 내에서는 도덕적인 사람들도 그곳을 벗어나면 도덕성을 상실했다. 포로수용소에서는 폭력이 난무했고, 폭력으로 다른 사람들을 지배하려는 열망이 강했다. 정의, 공정 등은 전혀 중요한 가치로 대두되지 못했다.

『이코노미스트』가 이 점을 지적할 당시, 영국에는 이미 오래전에 이주해온 중국인들이 있었다. 이주해온 지 벌써 3대나 된 중국인들도 있을 정도였다. 하지만 1세대 중국인들은 그렇다 쳐도, 3대째에 이른 중국인들조차 스스로를 조직할 줄 모르고 도덕적이지도 못했다. 적어도 그 당시 『이코노미스트』의 시각으로는 영국 문화에 전혀 동화되지 않는 사람들이었던 셈이다. 결국 『이코노미스트』는 이것을 아시아인 전체의 특성으로 파악했다. 서구인과 아시아인은 조직과 도덕성의 측면에서 차이가 있고, 그런 측면에서 아시아인들은 서구인들을 따라가지 못하는 한계가 있다고 본 것이다.

백인의 시대는
끝나간다?

19세기 말, 서구 제국주의 국가들은 아시아 국가들을 침탈하는 데 성공했다. 인도와 동남아 지역이 서구의 식민지가 되었고, 중국은 아편전쟁 등을 통해 강제로 대륙의 문을 열었다. 일본도 미국의 페리 제독이 끌고 온 함대로 위협을 당해 개방했다.

서구는 압도적인 무력의 힘을 바탕으로 아시아를 휘젓고 다녔다. 그러면 1880년대의 서구는 미래에 대해 어떻게 생각했을까? 아시아 국가들을 압도하는 기술과 무력을 지녔으니 앞으로도 계속해서 지배할 수 있다고 생각했을까? 아시아인이 서구인에 비해 열등하다고 생각했을 테니, 서구인들이 지배하는 낙관적인 미래를 예측하진 않았을까?

『이코노미스트』는 그렇게 생각하지 않았다. 조만간 서양의 지배는 끝나고 아시아의 힘이 부각될 것으로 보았다.

··· the warlike preparations that the Chinese are making—the rifles and the ordnance that they have manufactured after European models, the military stores they have accumulated, and the troops they have disciplined—confirm the popular belief that in another war the foreigners would be defeated and driven out of the "flowery land." ···

··· At any moment, it is to be feared, there may be an organised and general attempt to expel the foreigners, and then we should find ourselves embarked upon another Chinese war. (1870년 9월 24일)

중국의 전쟁준비, 이를테면 그들이 유럽의 것을 참고하여 만들고 있는 소총 및 대포와 축적하고 있는 군수품, 군사훈련은 이러한 일반적인 생각을 확고히 만들고 있다. 다음의 전쟁에서 서양이 패할 것이며, 서양인은 "꽃이 만발한 땅"에서 쫓겨날 것이다.

잠시라도 경계를 늦추어선 안 될 것이다. 서양인을 추방하려는 조직적, 일반적인 시도가 발생할 것이며, 그 뒤에 따라오는 것은 중국과의 새로운 전쟁이라는 것을 말이다.

말하자면 이렇다. 지금까지 서구는 아시아보다 월등하게 뛰어난 힘을 바탕으로 아시아 지역에 진출을 했다. 서구의 힘은 총, 대포와 같은 기술적 힘이었다. 아시아 국가는 그런 기술을 갖추고 있지 못했기에 아시아 지역에 서구가 진출할 수 있었다.

하지만 아시아 국가들도 점점 기술을 익혔다. 기술을 배우는 것이 그렇게 어려운 일은 아니다. 서양의 기술을 보며 배우고 익혀서 금세 서양의 총, 대포와 비슷한 수준의 무기를 만들어냈다. 서양의 기술은 곧 아시아의 기술에 따라잡히게 될 것이다. 아시아 국가들이 총, 대포 제작과 같은 기술에서 서구 제국을 따라잡으면, 아시아 국가들에 대한 서양의 우위는 없어진다. 지금까지 서양 국가들이 아시아 국가들에게서 누렸던 이권도 점차 사라질 것이다.

19세기, 제국주의가 승승장구하는 시대는 어떻게 만들어진 것일까? 서구는 과학 문명이 발달하고 기술의 힘이 뛰어났다. 그래서 배, 대포, 총 등을 발명할 수 있었다. 아시아 국가들이 나무로 만든 범선이나 인력선에 머물러 있는 동안, 서구 제국주의 국가들은 철로 된 증기선을 만들었다. 아시아에서 창, 화살, 칼로 전쟁을 할 때 서구 제국주의 국가들은 총과 대포를 사용했다. 돛단배와 증기선이 싸우고, 칼·창을 든 사람이 총을 가진 사람하고 싸우니 이겨낼 수가 없다. 서구 제국주의가 아시아 국가에 성공적으로 진출할 수 있었던 이유는 기술의 차이, 더 정확히 말하면 무기의 차이였다.

하지만 이런 기술의 차이는 금방 따라잡히기 마련이다. 기술의 존재 자체가 비밀이라면 모를까, 이미 상대방에게도 알려진 기술은 금방 따라잡힌다. 칼과 창밖에 모르던 아시아 국가들도 서구 제국의 무기에 당한 다음엔 바로 총, 대포를 만들었다. 스스로 만들어내지 못하더라도 서구 국가에 돈을 주고 구입하면 그만이다.

실제로 중국은 엄청난 돈을 투자해 서구 함대를 능가하는 함대를 만들었다. 북양함대, 광동함대 등이 그것이다. 북양함대의 정원, 진원호는 당시 세계 최대급 전함이었다. 근대화된 함대가 없어 아편전쟁 등에서 늘 당하기만 한 중국이 근대화된 함대를 가진 것이다.

일본도 마찬가지다. 일본도 미국에 의해 강제로 문을 연 다음엔 최신 근대 기술을 받아들였다. 신식 군대를 만들고 무기, 전함을 사들였다. 이렇게 아시아 국가들이 근대 기술을 받아들이자 서구 국가들은 언젠가 자신들이 아시아 국가들을 유린하는 것은 불가능해질 것이라고 생각했다. 군사적 우위는 사라지고, 앞으로는 아시아 국가들이 유럽 국가들을 압도해나갈 수도 있다고 본 것이다. 그래서 당시 서구에 황화론(黃禍論)이 등장했다. 아시아 국가들이 서구 제국주의 국가들을 넘어서게 될 것이고, 결국 아시아 국가들이 세계를 지배하게 될 것이라는 예견이다. 그동안 세계를 지배하던 백인의 시대는 끝나가고, 황인종의 시대가 오고 있다는 것이다.

이후의 역사를 알고 있는 우리들이 보기에는 터무니없는 말이다. 아시아는 서구 제국주의의 힘에서 벗어나기는커녕 더욱 더 유린당했다. 1870년대 중국은 서구에게 침탈을 받았다 해도 온전히 대국을 유지하고 있었다. 하지만 이후 중국은 서구 국가들에 의해 완전히 쪼개지게 된다. 만주는 러시아 군대가 점령하고, 요동반도는 독일 세력권에 들어갔다. 그리고 양쯔강 지역은 영국 세력권이 되는 등 중국의 영토는 완전히 쪼그라들면서 쪼개져버렸다.

동남아에서도 서구 국가들의 식민지 체제가 견고해졌고, 조선도 제국주의의 희생양이 되었다. 일본만 제국주의를 추종하여 예외적인 성공을 거두었을 뿐이다. 돌이켜보면 1870년대는 서구 제국주의 시대가 끝나가는 시기가 아니라 본격적으로 시작하는 시기였다. 서구 국가들은 슬슬 아시아에 대한 힘의 우위는 끝나간다고 생각했지만, 그 우위는 제국주의 시대가 끝날 때까지 뒤집히지 않았다.

그렇다면 서구 제국의 아시아에 대한 우위가 사라진다는 1870년 『이코노미스트』의 주장에는 어떤 문제가 있었던 것일까? 아시아 국가들이 서구의 과학기술을 습득하고 군사적으로도 튼튼하게 무장했는데 왜 서양 국가들에게 더더욱 유린당하게 된 것일까?

물론 기술은 중요하다. 특히 무기와 관련된 기술은 국력에 압도적인 영향을 미친다. 제국주의의 시대에는 특히나 그러했고, 당시 거기에 의문을 갖는 사람은 그다지 많지 않았다. 하지만 기술과 무기가 나라의 힘을 결정하는 가장 중요한 요소는 아니었다. 기술을 만들어내고 운용하는 제도와 문화가 더 중요한 요인이었다. 1870년대에는 서구도 그 사실을 몰랐다. 아시아 국가들에 대한 기술적 우위가 없어진 1870년대, 그때를 서구 지배의 시대가 끝나가는 것으로 보았다. 서구 제국의 '행복한' 착각이었다.

서양이 패배한 전쟁, 병인양요

1866년 병인박해가 일어나 천주교에 대한 탄압이 시작됐다. 조선에 있던 프랑스 선교사 중 9명이나 죽임을 당했다. 간신히 학살에서 살아남은 프랑스 리델 신부는 청나라에 가서 이 사실을 알린다. 프랑스는 자국민이 학살당한 데 대한 책임을 묻고자 조선으로의 출병을 결정했다. 병인양요는 그렇게 시작됐다.

이 당시 프랑스의 중국·일본 분함대 사령관은 로즈 제독이었다. 로즈 제독은 1866년 10월, 전함 3척을 몰고 서해안에 나타났다. 그러나 본격적인 전투 행위를 벌이지도 못하고 철수했다. 서해안의 조수 때문이었다. 서해안의 조수 간만의 차는 유명하다. 밀물일 때와 썰물일 때의 차이가 10미터에 달한다. 밀물일 때 별 생각 없이 배를 육지에 가까이 붙이면 썰물일 때 배가 갯벌에 갇히게 된다. 좌초하는 것이다.

강화도 초지진의 포대지. 배를 통한 외세의 침략이 있을 때마다 강화도는 주요 격전지였다. 병인양요 뒤에는 미국이 일으킨 신미양요가 강화도를 격전지로 만들었다. 그리고 운요호 사건을 일으킨 일본에 의해 우리나라는 개항하게 된다. 초지진은 이 세 사건 모두에 주요 전장으로 등장한다.

한국 서해안에 익숙한 사람이라면 모르겠지만, 그렇지 않은 사람들에게 이 조수 간만의 차는 상당히 심각한 문제였다. 미국의 제너럴셔먼호가 대동강에서 모래톱에 걸려 좌초한 것도 서해안의 조수 간만 차 때문이었다. 프랑스 함대도 좌초될 위험을 겪고, 조선의 이런 특성 등을 파악한 뒤 청나라로 귀환했다. 그리고 군함 7척으로 본격적인 조선 정벌에 나섰다.

프랑스 함대의 공격에 맞서 조선 병사들은 정말 열심히 싸웠다. 프랑스 군대는 정찰 항해 때 조선의 총, 대포를 두려워할 필요가 없다고 결론 내렸는데, 결국 자기들의 시각으론 형편없는 장비를 갖춘 조선군에게 패퇴했다. 조선군은 총, 대포만이 아니라 자갈, 돌멩이 등으로도 전투를 벌였다. 근대식 서양 함대에 맞서 돌멩이로 싸운다는 건 말도 안 되는 일인데, 조선군은 프랑스 군대를 상대로 전투에서 승리했다.

하지만 병인양요에서 조선의 승리를 비판적으로 보는 시각도 있다. 조선은 총력을 다해 전쟁을 한 것이고, 프랑스는 단지 몇 대의 전함을 끌고 왔을 뿐이다. 이런 전투에서 조선이 이겼다고 해서 자랑스러울 건 없다는 것이다. 피해 규모를 보아도 프랑스가 제대로 싸웠다고 말하기는 힘들다. 프랑스 함대에서는 단지 3명이 사망하고 35명이 부상당했을 뿐이다. 어떻게 한 달간의 전투에서 사망자가 3명에 불과할 수 있나? 분명 이들은 사력을 다하거나, 더 싸울 수 없을 정도로 완패를 한 끝에 물러난 것이 아니다. 아직 싸울 수 있고, 군 전력도 훨씬 우월한 상태에서 스스로 물러난 것이다.

그렇다고는 해도 병인양요의 조선군 승리를 폄하할 필요는 없다. 프랑스 군대가 열심히 싸운 건 아니라고 하지만, 그럼 다른 전쟁에서는 서구 제국주의 군대가 열심히 싸웠던가? 원래 중국에서 발생한 아편전쟁도, 애로우호전쟁도, 일본에서 발생한 사쓰에이전쟁도 서양 군대가 열심히 싸우진 않았다. 보통은 전함에서 대포를 쏘아대는 것으로 전투가 끝났으니 목숨을 걸고 총격전을 하거나 백병전을 할 필요가 없었다. 우월한 장비를 바탕으로 한 일방적인 유린이었다. 서양 제국주의 국가들이 아시아 등의 국가에서 벌인 전쟁은 대부분 그런 식이었다. 서양 제국주의는 항상 이겼다. 그러다가 처음으로 패한 전쟁이 바로 병인양요였다.

『이코노미스트』는 프랑스의 패배를 재난이라고 표현했다. 그리고 이를 서양 힘의 약화를 보여주는 증거로 보았다.

The disasters which the French met with in the Corea
are taken as proofs of the weakness of the Western
Powers. (1870년 9월 24일)

프랑스가 조선에서 겪은 재난은 서구 열강들의 약화의 증
거다.

『이코노미스트』는 지금까지 승리의 여신이 서구 제국주의 국가
의 편이었지만 앞으로의 전쟁에서는 그렇지 않을 것이라고 봤다. 그
증거로 조선에서 프랑스군이 패배한 것을 들었다. 조선은 아시아에
서 군사적으로 강한 국가가 아니다. 그런데도 프랑스는 조선을 이기
지 못했다. 그러니 조선보다 월등한 무력을 가지고 있는 중국은 앞
으로 서양과의 전쟁에서 패하는 일이 없을 것이라고 봤다.

또한 중국에 이런 힘이 있다면, 언젠가 서구 제국주의 국가들을
중국 땅에서 쫓아낼지도 모른다고 우려했다. 앞으로 중국과 서구 국
가들 사이에 또 다른 전쟁이 벌어질지도 모른다는 것이다. 그것은
중국이 서구 국가들을 쫓아내는 전쟁이 될 것이다. 서양인들은 그렇
게 우려했다.

반면 조선의 승리는 아시아인들에게는 희망을 쏘아올린 신호탄
이었다. 중국인들은 조선의 승리에 환호했다. 그동안 서양인은 무적
이라고 생각해왔는데, 그렇지 않을 수도 있다는 사실을 조선이 증명
해준 것이다. 조선인이 프랑스인을 이길 수 있다면, 중국도 이길 수
있다. 중국인들은 조선의 승리를 미래의 거울로 삼으려 했다. 병인
양요는 아시아 사람들에게 자부심과 희망의 싹을 틔워준 일대 사건
이었다.

근대에 아시아 국가가 서양 제국과의 전쟁에서 이긴 사례로 1904년의 러일전쟁이 있다. 이 전쟁에서 일본은 러시아에 승리했다. 우리나라 입장에서야 불행이지만, 이 결과는 어쨌거나 아시아 국가들에 적지 않은 희망을 가져다주었다. 자기들도 제대로 개혁하고 노력하면 서구 열강을 넘어설 수 있다는 증거였기 때문이다. 실제로 일본인들과 아시아의 몇몇 국가에서는 러시아를 이긴 일본을 아시아인의 성과로 주장해서 말하기도 한다. 그런데 1904년에 러일전쟁이 있었다면, 그보다 먼저 아시아인에게 희망을 준 것은 병인양요다. 동양인이 서양인을 이겨낼 수 있다는 희망, 그 전조를 보여준 것이다.

영국과는 정반대인
일본 제국주의

1909년 10월 26일, 안중근이 하얼빈에서 이토 히로부미를 사살한다. 며칠 뒤 『이코노미스트』는 이토 히로부미의 죽음과 관련해서 애도 기사를 실었다.

The task of subjecting and ruling in subjection an Eastern people is very hard for an entirely alien race, and it might be supposed to be easier if the differences between the conqueror and the conquered are less marked. But it would seem that the Koreans are no more tractable to Japan than are other Eastern races to the dominion of Western peoples. (1909년 10월 30일)

동양인을 지배하는 일은 그들과 완전히 다른 서양인에게는 매우 힘든 일이다. 지배자와 피지배자가 서로 비슷하다면 이런 어려움은 대부분 사라질 것이다. 하지만 일본인이 한국인을 지배하는 건, 서양인이 동양인을 지배하는 것만큼 쉽지 않았던 것으로 보인다.

20세기 들어서서 영국은 식민지 지배에 대해 회의가 좀 들었던 것 같다. 영국은 오랜 기간 세계 여러 지역에서 식민지를 만들고 지배해왔다. 그런데 식민지 지역의 사람들은 영국을 좋아하지 않았다. 아니, 좋아하지 않는 정도가 아니라 증오했다. 특히 일반 민중들이 그랬다. 『이코노미스트』는 영국이 지배하는 식민지 민중들이 영국인들을 싫어한다는 것을 특히 신경 썼다.

제국주의 국가들은 식민지를 강압적으로 지배하기는 하지만 그럼에도 다른 사람들에게 인정받고 칭송 받기를 원했다. 나쁜 사람이라 하더라도 다른 사람들이 대놓고 자기를 나쁘다고 비난하는 것은 별로 좋아하지 않는 법이다.

심지어 영국은 전 세계에 식민지를 두고 지배하면서도 자기가 좋은 일을 하고 있다고 생각한 것 같다. 영국은 아프리카, 중동, 인도, 동남아시아 지역들을 식민지로 두었다. 그리고 이 식민지들이 자신들의 지배 기간 동안 더 나아졌다고 생각했다. 이 지역들은 원래 철도도 없고 제대로 된 건물들도 없었다. 그런데 영국이 들어가서 철도도 건설하고 사회 자본을 투하했다. 또 영국이 들어서기 전에는 일반 국민들이 전근대적인 지배 체제 하에서 고통을 받고 있었다. 하지만 영국이 새로운 정치 체제를 이식하면서 국민들의 생활 수준은 획기적으로 나아졌다. 그래서 영국은 식민지 지역의 사람들이 자기들을 은인으로 생각하고 좋아해줄 것으로 생각했다.

식민지의 귀족들이 영국인들을 싫어하는 것은 이해할 수 있다. 이들은 영국만 없다면 자국의 지배자가 되었을 것이기 때문이다. 하지만 영국인의 입장에서 식민지의 일반 국민들은 손해 본 것이 없다. 최소한 이 일반 국민들은 자기들 편이 되고 자기들을 좋아해줄 것으로 보았다. 하지만 그들도 영국을 좋아하지 않았다. 별로 고마워하지도 않았다. 식민지 일반 국민들이 영국인들을 싫어한다는 것, 이것은 영국인들에게 상당한 골치거리가 됐다.

영국인이 이에 대해 생각한 것이 아프리카, 아시아 식민지 국가와 영국은 완전히 다른 나라라는 점이었다. 아시아 식민지 국가들에게 있어서 영국은 완벽한 타인이었다. 역사적으로 전혀 접촉한 적도 없고, 서로 알지도 못하는 국가이고 민족이다. 그렇게 전혀 상관없는 영국이 갑자기 자기 나라를 지배한다? 이는 식민지 국가들이 영국인들을 싫어할 만한 충분한 이유처럼 느껴졌다.

바로 그런 이유 때문에 영국에는 일본이 조선을 지배하는 것은 괜찮다고 생각하는 시각도 적지 않았다. 영국은 아시아 국가들에게 있어서 완전히 남이지만, 일본은 조선에게 있어서 그렇지 않다. 오랫동안 옆에서 살아왔으니 서로가 서로를 잘 안다. 무엇보다 영국인과 아시아 사람들은 외모 면에서 완전히 다르지만, 일본인과 조선인은 서로 닮았다. 일본이 조선을 지배하는 것은 타인이 지배하는 것이 아니라, 같은 동류에 의한 지배이다. 이렇게 동류에 의한 지배라면 큰 문제가 없지 않을까?

하지만 안중근의 이토 히로부미 사살은 현실은 그렇지 않다고 말해주고 있었다. 일본의 주요 권력자인 이토 히로부미를 암살할 정도로 조선은 일본에 대해 반감을 품고 있다.

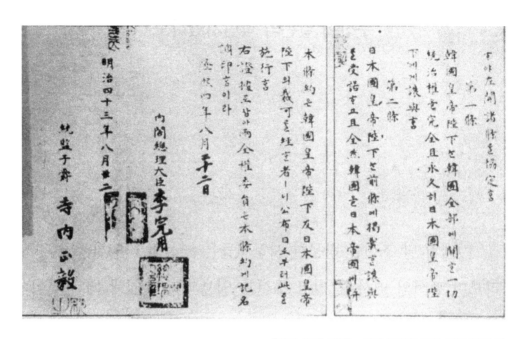

"한국 황제 폐하는 한국 전부(全部)에 관한 일체 통치권을 완전히 또 영구히 일본 황제 폐하에게 양여한다." 이완용과 데라우치가 이 한일합방조약에 서명했다.

　오늘날에는 제국주의 시대 식민지 국가의 경제 성장과 정치적 발전을 축복이나 혜택 혹은 시혜로 해석하는 사람은 극히 적다. 식민 지배란 자기들이 그 국가를 발전시켰다고 해서 정당화되는 것이 아니다. 자기와 유사한 사람들이 지배한다고 해서 받아들여질 수 있는 것도 아니다. 강제로 지배당하는 사람은 상대방이 누구든 지배하는 사람을 좋아하지 않는다. 식민지 국가 국민들이 제국주의 국가들을 좋아할 리가 없다. 어떻게 해도 좋아하게 만들 수 없었다는 것도 현실이다. 제2차 세계대전 이후 영국은 해외 식민지들을 포기하기 시작했다. 식민지 국민들이 자기들을 끝없이 싫어하는 상황도 해외 영토를 포기한 주된 이유 중 하나가 아닐까 싶다.

부산이 일본의 식민지였다고?

19세기 말 조선을 방문한 서양인들은 조선의 다양한 측면을 바라보며 조선의 역사, 그리고 조선과 일본과의 관계에 대해 이야기했다.

조선과 일본의 관계에 대한 이야기 중에는 3세기경 일본이 한국 남부를 점령하고 지배했다는 내용이 많다. 진구황후(神功皇后)가 신라를 정벌했고, 한동안 한반도 남부가 일본의 지배하에 있었다는 것이다. '한반도는 이미 오랜 과거부터 일본의 식민지였고, 그 이후 일본의 지배로부터 벗어났다.' 이른바 임나일본부설이다.

임나일본부는 일본이 주장하는 이야기다. 조선에서는 임나일본부설을 받아들이고 인정하는 사람이 없었지만, 서양인들은 조선인들로부터 한국 역사에 대한 정보를 거의 얻지 못했다. 반면 일본은 서양인들이 보도록 영어로 책을 쓰고 팸플릿을 만들었다. 서양인들이 짧은 기간 한반도를 여행하면서 한국어나 한문을 배울 수는 없었기에 한국에 대한 정보는 일본으로부터 얻었고, 일본의 시각에서 본 한국 역사를 주로 이야기하게 됐다. 그러다 보니 서양인들이 한국 역사를 이야기할 때 임나일본부 이야기를 하는 경우가 자주 있다.

그런데 오류는 임나일본부뿐만이 아니다. 1900년대 초반, 장 드 팡주(Jean de Pange)라는 프랑스 역사학자가 한국을 여행한 뒤 여행기를 썼는데 여기에는 "일본이 임진왜란 이후 한반도에서 철수를 했지만 부산 부두는 돌려주지 않고 1876년까지 쓰시마섬(대마도)의 제후가 관리했다"는 언급이 나온다. 영국 작가 앵거스 해밀튼이 쓴 「러일전쟁 당시 조선에 대한 보고서」를 보면, 부산을 대마도 영주의 가신들이 오래 전에 만든 정착지라고 표현하면서 일본이 전쟁 승리의 증거로 부산을 차지했다고 설명한다. 또 독일 외교관 막스 폰 브란트의 『격동의 동아시아를 걷다』에도 부산이 일본인이 만든 거주지로 나온다. 즉 이들은 부산을 일본의 식민지로 보았다. 고대의 일도 아니고, 임진왜란이 끝나고 근대가 될 때까지 부산은 계속해서 일본의 식민지였다는 것이다.

임진왜란은 1592년에 발생해서 1598년에 끝났다. 일본이 조선을 침범했지만, 결국 7년의 전쟁 끝에 패하고 한반도에서 물러났다. 이것이 임진왜란의 실체다. 그런데 임진왜란이 끝나고 대마도 사람들이 조선을 찾아왔다. 그들은 다시 조선과 통상하기를 원했다. 조선 사람들에게는 말도 안 되는 이야기였다. 전쟁이 끝난 지 얼마 되지도 않은데다가 통상을 하자고 찾아온 대마도는 일본이 조선을 침략할 때 선봉을 섰던 지역이었다. 하지만 계속되는 간청에 조선은 일본인이 부산에 와서 통상을 할 수 있도록 허락했다.

통상은 허락했지만 일본인이 부산 도성 안을 마음대로 돌아다니도록 허락하진 않았다. 일본인이 조선에 오더라도 일반 백성과는 만나거나 섞이지 않도록 유의했다. 그래서 일본인의 거주 지역을 따로 정해주었다. 일본인은 그 거주 지역에서만 머무를 수 있고 오갈 수 있었다. 조선이 부산 내에 일본인이 거주할 수 있는 지역을 지정한 것은 어디까지나 일본인들과 통상을 하면서도 조선으로부터 격리하기 위해서였다. 일본의 무력이 두려워서 부산을 열어준 것도 아니고, 일본에게 땅을 바친 것은 더더구나 아니었다.

하지만 일본은 다른 식으로 선전했다. 일본은 임진왜란 당시 조선 남부지역을 점령하고 있었다. 울산, 부산, 진주 등에 성을 쌓고 임진왜란 기간 내내 그 지역에 진주했다. 1, 2년도 아니고 6년 가까이 그 지역을 식민지로 두었다. 결국 일본은 조선 남부에 만든 식민지를 포기하고 본국으로 철수했지만 조선 남부를 모두 포기한 것은 아니었다. 부산 지역만은 계속해서 일본의 영토로 남았다. 부산은 일본이 임진왜란의 성과로 얻은 일본의 식민지였다. 그러니 부산은 조선이 개항할 때까지 계속해서 일본의 영토로 남아 있었다. 조선이 개항한 후 부산에 일본인 거주 지역이 새로 생겼지만, 일본 입장에서 이 거주 지역은 특별한 것이 아니다. 이전부터의 일본 식민지가 개항 후에도 계속 이어진 것일 뿐이다. 이것이 부산 식민지설에 관한 일본의 주장이었다.

왜 일본은 이런 이야기를 퍼뜨렸을까? 일본의 임나일본부 그리고 임진왜란 이야기는 조선 침략을 정당화하는 이야기다. 19세기, 20세기 초가 아무리 제국주의 시대라고 하지만, 아무 연고도 관계도 없는 지역을 식민지로 삼을 수는 없었다. 일본은 임나일본부 이야기를 통해서 한반도가 예전부터 일본과 밀접한 관계가 있는 땅이라는 것, 원래 일본이 지배한 지역이었다는 것을 이야기했다. 고대에 일본 땅이었기 때문에 지금 다시 일본이 진출하는 것이 그렇게 황당한 일은 아니라는 논리다.

물론 임나일본부는 너무 오래전 이야기라 다소 구색이 떨어지지만 임진왜란은 삼백 년 전에 일어났다. 더구나 임진왜란 이후에도 계속해서 부산에 식민지를 유지하고 있었다는 것은 조선이 일본에 종속적인 국가라는 증명도 될 수 있다. 그렇기에 일본의 조선 진출은 침략이 아니라, 과거 상태를 되돌리는 것일 뿐이라는 주장이다.

한국의 입장에서야 부산의 일본 거주지가 식민지였다는 것은 말도 안 되는 이야기다. 하지만 이 이야기가 서양인들에게는 먹힌 것 같다. 조선은 부산 내에 일본인 거주지를 정식으로 인정했다. 그리고 그 안에서 일본인들이 무슨 짓을 하든 별상관하지 않았다. 너희들끼리 알아서 하라고 했다. 말도 안 통하고 상대하기도 싫은 일본인들의 분쟁은 알고 싶지도 않았고 개입하고 싶지도 않았던 것이다.

그런데 근대적 의미에서 다른 나라에 정식으로 인정된 거주지가 있다는 것은 무슨 뜻일까? 외국인 거주지 안에서는 그 나라의 법률이 적용되지 않는다. 그 거주지 안에서 무슨 일이 일어나도, 도둑질이 발생하고 심지어 살인 사건이 일어나도 나라가 개입하지 않는다. 이것은 무엇을 의미할까? 그것이 바로 근대 국가에서 치외법권이 인정되는 조계이다.

물론 부산 내 일본 거주지가 정식 협약에 의한 조계는 아니다. 조선에는 조계라는 개념조차 없었다. 그저 일본인의 사정에 개입하는 것이 귀찮았을 뿐이다. 하지만 근대 국가들의 시각에서 보았을 때, 부산의 일본 거주지는 실질적으로 치외법권이 인정되는 조계였다. 조선에 있는 일본의 식민지처럼 보인 것이다.

조선은 국제 관계에 대해 무지했고, 일본은 조선의 그런 무지를 이용했다. 게다가 그런 사정을 영어 등 서양의 언어로 써서 서구 세계에 널리 전파했다. 일본이 생산한 정보만 얻을 수 있었던 서양인들은 이 주장을 사실로 받아들이고 그대로 전달했다.

제3장
조선의 경제

"브라운의 유능한 지도 덕에 한국의 재정 상태는 비교적 번영한 상태가 됐다."

재정 상태는 좋지 않고, 부정부패는 횡행했다. 5백 년을 지탱했던 우수한 관료제와 행정조직은 정권의 비호와 묵인 아래 부패의 가장 효과적인 수단으로 변질됐다. 전략물자인 쌀은 수출로 새어나가고, 국가의 기본 요소인 농지는 일본인의 것이 되어가고 있으며, 많은 자원이 외국인의 소유로 넘어가는 가운데 국가의 빚은 점점 더 많아졌다. 하지만 당시는 국가의 대부분 기능이 제대로 작동하지 못했던 시기였다. 국가의 주권도, 국가의 경제도 위험한 상황이지만 조선의 지배층이 골몰했던 것은 오직 정권다툼뿐이었다.

조선의 세관 책임자는
외국인

세관에서는 그 나라에서 수출하고 수입하는 상품을 관리한다. 수출하는 품목과 가격, 수입되어 들어오는 상품과 가격을 파악하는 것이 주된 일이다. 수출품과 수입품 중에서는 수입품이 더 중요하다. 수입되는 상품에 세금을 매겨야 하기 때문이다. 우선 수입되는 상품의 가격이 어느 정도인지를 파악하고, 법에 정해진 관세를 부과하고, 그 관세가 들어오면 상품을 통과시킨다.

『이코노미스트』는 조선의 수출입 상품 통계자료를 수년마다 보여준다. 이 자료들은 조선의 세관에서 발표한 것들이다.

재미있는 점은 발표를 조선의 세관에서 하는데, 그 발표자의 명의는 외국인이라는 사실이다. 이는 조선의 세관 책임자가 진짜 벽안의 외국인이기 때문이다. 1890년대 말에서 1900년대 초반, 조선 세관 책임자는 영국인 맥리비 브라운(McLeavy Brown), 그 이전의 책임자는 모건(Morgan)으로 기록돼있다. 이처럼 조선에서 세관을 담당하는 사람은 항상 외국인이었다.

조선은 세계에 문호를 개방하면서 국제 업무를 새로이 시작했다. 국제 외교, 세관 등 그동안 조선이 경험해본 적 없는 업무는 청나라, 러시아 등 주변 국가들의 도움을 받아 외국인 고문을 고용해서 해결했다. 이렇게 고용된 고문들은 제대로 일을 하는 경우도 있고, 그렇지 않은 경우도 있었다.

브라운은 원래 탁지부 고문으로 조선에 들어왔다. 탁지부 고문으로서 조선의 예산, 재정 부문에 도움을 주는 것이 임무였는데 탁지부 고문과 더불어 조선의 세관도 담당했다. 조선 세관에는 고문이 아니라 정식 책임자로 부임했다. 브라운은 처음에 5년 계약으로 조선 정부에 고용됐다고 한다.

『이코노미스트』는 이렇게 조선 세관 일을 하는 브라운을 크게 칭찬했다. 브라운 덕분에 조선의 수출입 현황을 제대로 파악할 수 있었기 때문이다. 또 브라운의 세관 업무는 공정해서 조선에 큰 도움이 되고 있다고 평가한다. 브라운에 대해 칭송하는 것은 『이코노미스트』만이 아니다. 다른 서양인의 저술에서도 브라운에 대한 부분을 많이 찾아볼 수 있다. 브라운을 가리켜 조선이 망하지 않고 나라를 유지하는 데 혁혁한 공을 세운 이로 표현하는 사람도 있다.

Under the able guidance of Mr McLeavy Brown ⋯ the financial position of the Korean Government has been brought to a condition of comparative prosperity. (1898년 1월 8일)

브라운의 유능한 지도 덕에 한국의 재정 상태는 비교적 번영한 상태가 됐다.

Mr. McLeary Brown controls the Customs again without interference, and the financial prospects of the country are said to be improving. (1898년 7월 23일)

브라운은 다시 세관 업무를 맡게 됐다. 국가 재정 전망의 개선이 기대된다.

이렇듯 『이코노미스트』와 서양인들은 브라운을 칭찬했는데 '브라운의 세관 업무에는 부정부패가 없다', '원칙대로 세관 업무를 충실히 하고 있다', '조선 정부의 다른 행정에서는 부정부패가 만연한데 세관 업무에서는 그렇지 않다'는 이유에서였다. 또 조선의 다른 부문에 대한 정부 통계는 거의 없고, 있다 하더라도 믿을 수 없는데, 세관 업무와 관련된 정보들은 믿을 만하다는 이유도 있었다. 어떻게 보면 당연히 해야 할 일을 하는 것인데, 다른 정부 부서와 비교되어 칭찬의 대상이 된 것이다. 어쨌든 조선 정부의 다른 부문과 달리 세관 업무에서 부정부패가 없었던 이유는 그 책임자가 외국인, 그것도 청나라나 일본인이 아닌 영국인이기 때문이었다.

조선에서 세관 업무가 중요했던 이유는 정부 세금에서 관세가 차지하는 비율이 굉장히 컸기 때문이다. 조선의 세금은 땅에서 얻는 지세가 대부분이었다. 지금은 소득세, 부가가치세가 가장 큰 부분을 차지하지만 당시에는 이런 세목이 없었다. 이 무렵 조선 정부 수입 중에서 관세는 10%를 차지했다. 2018년 기준으로 한국 정부 세금 수입 중 관세가 차지하는 비율은 2.9% 정도다. 이를 보면 조선 정부에게 관세가 얼마나 중요한 수입원이었는지 짐작할 수 있다.

이 시기에 관세가 중요한 것은 조선만이 아니다. 세계 어느 나라나 마찬가지였다. 소득세가 일반화된 것은 세계적으로 1910년대 이후이다. 부가가치세도 1960년대 이후에나 일반화됐다. 관세는 당시 어느 나라에서나 중요했고, 그래서 국제 협상에서 굉장히 중요한 요소였다.

돈이 많이 오가는 곳에는 부정부패의 소지가 발생한다. 공무원에게 로비를 해서 수입품에 부과되는 관세를 줄이면 수입업자는 많은 이득을 얻을 수 있다. 고관대작이 세관 담당자에게 그 상품에 대해 관세를 부과하지 말거나 깎아 주라고 할 수도 있다. 수입되는 양을 속여서 그에 해당하는 관세를 내지 않을 수도 있다. 물론 관리에 대한 로비의 결과였다.

조선 말기는 부정부패의 시대였다. 매관매직이 일상적으로 이루어졌고, 정부 고관에 부탁을 하고 예외를 인정받는 것이 능력으로 통했다. 그런데 조선의 모든 곳에서 통하는 뇌물이 세관 업무와 관련해서는 그렇지 않았다. 브라운은 조선인으로부터 뇌물을 받지 않았다. 고관대작이 요구하는 것을 들어주지도 않았다. 원리원칙대로 업무를 수행하고 수입품에 대해 관세를 매겼다.

조선의 정부 수입 중 다른 분야들은 예측 가능하지 않았다. 농사가 어떻게 되느냐에 따라 정부 수입이 달라졌고, 뇌물 등으로 정부 수입 중에서 빠져나가는 부분도 많았다. 하지만 관세 부분은 수입이 안정적으로 유지됐다. 또 수출, 수입품에 대한 통계가 발표되면서 향후 어느 정도의 수출과 수입이 이루어질지, 관세 수입이 어느 정도 될지도 예측 가능했다. 조선 정부의 업무 중에서 이렇게 미래 예측이 가능한 부분은 관세 부분 말고는 없었다.

브라운은 이처럼 원리원칙대로 업무를 수행하다가 조선 정부로부터 미움을 받았다. 1900년대 초, 고종과 탁지부 대신은 돈이 부족해서 외국으로부터 차관을 얻으려고 했다. 왕이 새로 거주할 궁궐 등을 짓기 위해서 돈이 필요했고, 외국으로부터 50만 파운드의 차관을 도입하려 했다. 하지만 당시 조선 정부의 재정은 국제적으로 신용을 받지 못했다. 지금으로 따지면 조선 정부의 채권은 투기등급이었다. 투기등급을 받은 나라는 다른 나라로부터 신용으로 돈을 빌릴 수 없다. 나중에 갚겠다는 말만으로 조선에 돈을 빌려주는 외국은 없었다. 담보가 필요했다.

50만 파운드 차관의 담보는 세관 수입으로 하기로 협상이 진행됐다. 50만 파운드의 차관을 빌려서 만약 갚지 못하면 세관에서 들어오는 수입으로 갚기로 한 것이다. 하지만 세관 책임자인 브라운은 이 협상안을 거절했다. 자기가 담당하고 있는 세관의 수입을 그런 식으로 사용할 수 없다는 이유였다. 다른 사람도 아니고 조선의 왕이 세관의 수입을 담보로 해서 돈을 빌리려고 하는데, 세관장이 그것을 거절했다.

만약 세관장이 조선인이었다면 절대로 일어날 수 없는 일이다. 브라운 세관장의 결정에 제3자인 외국인들은 환호했다. 왕이 50만 파운드를 차관으로 빌리면 그 돈은 어디론가 다 사라진다. 국가를 위해서가 아니라 왕이 개인적으로 사용하다가 없어질 가능성이 크다. 그리고 이 차관 협상 자체도 문제가 있었다. 50만 파운드를 조선에게 빌려준다고 하는데 언제 줄 것인지에 대한 약속이 없었다.

많은 외국인들은 조선이 국제 사기를 당할 가능성이 크다고 보았다. 그런데 조선의 세관장이 그 차관 협상을 뒤엎으니 환호를 한 것이다.

이 일로 인해 브라운 세관장은 조선 정부로부터 큰 미움을 샀다. 그를 관저에서 쫓아내려고도 했다. 하지만 그는 영국인이었고, 조선의 백성들처럼 마음대로 잡아다가 주리를 틀 수는 없었다. 임기가 끝나지 않은 상태에서 쫓아낼 수도 없었다. 당시 조선 정부로부터 미움을 받는다는 것은 이처럼 일을 제대로 하고 있다는 뜻이었다. 『이코노미스트』는, 그리고 많은 외국인들은 그런 브라운을 칭송했다. 브라운 덕분에 조선의 관세 업무가 제자리를 잡고, 또 조선의 재정 수입에 큰 기여를 하는 것으로 보았다. 조선 말, 관세 행정만은 다른 나라가 부럽지 않았다.

먹고살기 힘든 조선의 수출품,
쌀

●

『이코노미스트』에서는 1880년
대부터 조선의 무역 통계 자료를 통해 주요 수입품과 수출품을 소
개했다. 이것을 보면 조선의 주요 수입품은 면제품, 주요한 수출품
은 쌀 그리고 금과 같은 원자재 상품임을 알 수 있다.

당시 조선의 주요 수입품이 면제품이라는 것은 이해할 수 있는
일이다. 이때는 서구에서 산업혁명이 본격적으로 이루어지던 시기
이고, 이를 대표하는 주요한 상품이 바로 면제품이었다. 원면은 식
민지에서 저렴하게 구할 수 있었고, 면제품은 공장화가 쉬운 제품이
다. 그동안에는 실, 옷감을 짜기 위해 한 땀 한 땀 수작업을 해야 했
는데, 이것을 기계로 대량생산했다. 저렴한 재료비에 인간비도 절감
되는데 인기까지 좋아 잘 팔리는 상품, 이것이 당시의 면제품이었
다. 즉 면제품은 세계적인 신제품이었고 유행하는 상품이었다. 옷은
누구나 입는 것인데, 추운 겨울이 있는 조선에서는 베보다는 면으로

〈조선의 주요 수출품〉(1882년 9월 16일)

기간	쌀 및 농산물	도자기	금	잡화
1878~1879년	73,800	13,800	7,400	15,000
1879~1880년	110,300	20,600	9,600	22,000
1880년 7월~12월	106,500	27,400	17,000	30,600

단위: £

〈조선의 무역액〉(1891년 7월 11일)

분류	1889년	1890년
수출액	185,076	591,746
수입액	506,672	790,261
합계	691,748	1,382,007

단위: £

〈조선의 주요 수입품〉(1898년 7월 23일)

물품	가격
직물류	79,000,000
무기 · 기계류	31,000,000
쌀 · 곡물류	28,471,000
설탕	20,000,000
등유	8,560,000

단위: ¥

만든 옷이 더 필요했다. 물론 조선에서도 목화를 기르고 면제품도 무시 못 할 만큼 많은 양이 생산됐지만, 가내수공업 수준의 면직물로 대량생산되는 서양식 면제품에 대항하는 일은 쉽지 않았다. 그래서 조선의 면 수입은 급증했다.

이 당시 조선의 무역 구조에서 문제되는 것은 수출품인 쌀이다. 국제 교역에서는 많이 잘 만들 수 있는 것을 수출하고 잘 못 만드는 것, 부족한 것은 수입하는 것이 원칙이다. 경제학에서는 소위 비교우위론이라고 한다. 개화기 동안 조선의 주요 수출품은 쌀이었다. 그런데 1, 2년만 쌀을 수출한 게 아니라 조선 말 내내 주요 수출품이 쌀이었다. 조선 말기뿐 아니라 일제강점기에도 쌀은 주요 수출품이었다. 그렇다면 수십 년 동안 계속 수출할 정도로 조선은 쌀을 많이 생산했을까?

쌀은 더운 지방, 비가 많이 오는 지방에서 잘 자라는 곡물이다. 동남아 지역의 태국, 라오스, 베트남, 타이완, 중국 남부 지역이 세계적인 쌀 곡창 지대이다. 이런 지역에서는 쌀을 1년 3모작, 4모작까지 한다. 하지만 한국은 쌀 2모작이 불가능한 나라다. 기후도 덥지 않고, 비도 많이 오는 편은 아니다. 일본 남부 지역에서도 쌀 2모작을 할 수 있는데, 한국은 쌀과 보리를 섞어서 1년 2모작만 할 수 있을 뿐, 쌀을 1년에 두 번 수확하지는 못한다. 즉 한국은 쌀을 많이, 잘 생산하는 국가가 아니다.

조선 말기 내내 조선은 먹을 것이 부족해 어려움을 겪었다. 가을에 수확한 쌀이 봄에 떨어지기 때문에 춘궁기를 겪고, 보리를 수확하기 전에는 보릿고개를 겪었다. 한국은 1970년대에도 쌀이 부족해서 '쌀 덜 먹기 운동', '쌀 대신 잡곡 많이 먹기 운동', '쌀밥을 먹지 말고 국수를 먹자는 분식운동'을 했던 나라이다. 쌀로 만드는 막걸리, 소주 제조를 금지하기도 했다. 끼니로 먹기에도 부족한 쌀을 술을 만드는 데 쓰기는 아깝기 때문이었다. 1990년대 이후에야 식습

관의 변화로 쌀이 남아돌기 시작했을 뿐, 전통적으로 한국은 쌀 부족 국가였다. 수출품 1위가 쌀이라는 사실과는 아무래도 어울리지 않는 내용이다.

조선이 쌀을 수출할 수 있었던 것은 일본이라는 수입처가 있었기 때문이다. 이 당시 일본은 본격적으로 인구가 증가하면서 쌀 수요가 증가했다. 그리고 도시화가 진행되면서 농촌에서 농사를 지을 사람이 부족해졌다. 쌀 부족 사태가 발생하고, 조선에서 쌀을 살 수 있게 되자 일본은 조선의 쌀을 적극적으로 수입하기 시작했다. 조선에 쌀이 부족했다고는 하지만, 쌀을 여유 있게 생산하는 지역이 아예 없진 않았다. 중부, 북부 지역에서는 쌀이 부족했지만, 남부 지역에는 쌀이 있었다. 또 1년 전체를 기준으로 하면 쌀이 부족하지만, 수확기인 가을에는 쌀이 많았다.

입도선매라는 방식이 있다. 수확하기 전에 미리 돈을 받고 쌀을 넘기는 방식이었는데 일본 상인들이 주로 사용했다. 수확하기 전 돈이 궁한 농민은 이 입도선매 방식으로 일본 상인에게 쌀을 헐값에 팔아넘겼다. 제값을 주고 파는 것이 아니니 농사를 아무리 지어도 빚만 늘었다. 결국에는 땅까지 팔아넘겨야 했고, 일부 지주에게 농지가 집중 소유되는 기현상이 나타났다. 어쨌거나 농민은 울고, 굶는 사람은 늘어갔지만 일본으로의 쌀 수출은 언제나 꾸준히 발생했다.

이렇게 쌀을 수출하면 어떤 현상이 벌어질까? 먼저, 국내 쌀값이 오른다. 외국에 상품을 수출하면 그 상품의 국내 가격은 오르게 되어 있다. 외국에 상품을 수출한다는 이야기는 국내에서 유통되는 상품의 양이 줄어든다는 이야기다. 유통되는 양이 줄어들면 상품의 가

경부선 완공을 앞두고 일본의 체신대신이 공사 현장을 시찰하러 가고 있다. 경부선과 경의선 모두 러일전쟁 시기 일제가 전쟁에 활용하기 위해 서둘러 완공되었다.

격은 오른다. 그래서 수출은 그 상품을 사용하는 국내 수요자에게는 좋은 것이 아니다.

조선은 쌀을 제일 많이 수출했고, 따라서 조선의 쌀 가격은 오를 수밖에 없었다. 조선은 흰 쌀밥을 먹는 것이 서민들의 소망이었던 나라이다. 그런 나라에서 많은 양의 쌀을 수출했으니 국내의 쌀은 더욱 부족하고, 가격은 더욱 더 올랐다. 일반 국민들은 쌀을 먹지 못하는 사태까지 벌어졌다.

현재 국사 교과서 등에서는 이렇게 일본이 쌀을 수입해서 조선 내에 쌀 문제가 생긴 것을 두고 '일본의 수탈'로 묘사한다. 일본 때문에 먹을 쌀이 더욱 부족해진 것은 사실이지만, 일제강점기라면 몰라도 1880~1890년대 조선의 쌀 수출까지 오로지 수탈이라고만 말하는 것은 엄밀히 말해 정확하지 않다. 이때 일본에 쌀을 판 사람들은 모두 자발적으로 팔았다. 속아서 팔았든, 돈이 궁해서 헐값에 팔았든 적어도 이 시기에는 강요에 의한 것만은 아니었다. 쌀은 예나 지금이나 우리나라에서 중요한 물자다. 전시를 대비해 비축해놓기도 할 정도다. 가을에는 몰라도 봄이 되면 전국적으로 쌀 부족 사태가 벌어진다. 그러니 쌀이 부족하다면 국가는 절대 쌀 수출을 허가해서는 한 된다.

하지만 조선은 국가 차원에서 해야 할 이런 작업에 무관심했거나, 실패해버렸다. 왕실은 식견이 없이 정권 다툼에 혈안이었고, 관리들은 자기 몫 챙기기에만 바빴다. 애초에 그 관직 자체도 팔고사는 것이 당연하던 시대였다. 국가의 대부분 기능이 제대로 작동하지 못했던 시기가 바로 그 시기였다. 방곡령이라는 수단을 동원한 관리도 있었지만, 어떤 관리는 그조차 자기 치부의 수단으로 악용하기도 했다. 이런 시기에 국가 간 무역 제재를 포함한 강력한 정책은 조선 왕조로서는 불가능한 일이었다.

일본은 조선의 주요 무역 파트너,
그러면 조선은 일본에게 어떤 무역파트너?

1890년대 조선의 통상은 외국으로부터 면직물을 주로 수입하고 일본에 식량을 수출하는 통상 구조를 가지고 있었다. 일본은 조선의 주요 무역상대국이었다. 그런데 조선은 일본에게 어떤 무역 상대였을까? 일본이 조선에게 중요한 무역상대였던 것처럼, 조선도 일본에게 중요한 무역 상대였을까?

『이코노미스트』에서 1896년 일본의 수출입 국가와 금액 등을 정리한 표를 보면, 1890년대 중반, 일본의 가장 큰 무역 상대는 영국과 미국이었다. 수출액은 미국이 가장 높았고 그다음 홍콩, 프랑스로 이어진다. 당시 홍콩은 중국 내의 영국 식민지로 아시아의 통상 중심지로 성장하고 있었다. 수입이 가장 활발하게 이루어진 국가는 영국이다. 1억 7천만 엔의 수입액 중에서 거의 6천만 엔이 영국으로부터 온 수입품에서 발생했다. 이때 인도도 영국의 식민지였는데, 이곳을 합하면 8천1백만 엔이 넘고, 여기에 홍콩까지 합하면 9천만 엔

국가	수출	수입	합계
영국	9,012,398	59,251,780	68,264,178
미국	31,532,341	16,373,420	47,905,761
중국	13,823,843	21,344,521	35,168,364
홍콩	19,965,899	9,133,777	29,099,676
인도	4,537,653	22,517,424	27,055,077
프랑스	19,027,389	7,682,346	26,709,735
독일	2,972,137	17,183,953	20,156,090
조선	3,367,693	5,118,925	8,486,618
벨기에	111,467	3,106,094	3,217,561
스위스	617,707	2,534,217	3,151,924
러시아	1,910,581	1,416,848	3,327,429
이탈리아	2,669,106	182,923	2,852,029
필리핀	187,785	1,804,914	1,992,699
기타 국가	8,106,761	4,023,332	12,130,093
합계	117,842,760	171,674,474	289,517,234

단위: ¥

이 영국의 수입품으로부터 발생했다.

수출입 금액을 국가별 비율로 살펴봐도 조선의 비중은 그렇게 높지 않다. 총 수출액 중에서 미국이 차지하는 비율은 26.76%, 중국이 11.73%, 프랑스가 16.15%였다. 영국 본토와 그 식민지인 인도, 홍콩을 합하면 총 수출의 28.44%가 영국과 이루어졌다. 또한 영국 본토로부터의 수입이 34.51%, 인도, 홍콩을 합하면 총 수입의 52.95%가 영국으로부터 이루어졌다. 영국과의 교역이 전체 무역액 중에서 42.97% 정도를 차지한다.

이를 보면 조선과의 거래는 큰 비중이 아니었음을 알 수 있다.

〈1896년 일본의 수출입 금액 비율〉

국가	수출	수입	합계
영국	7.65	34.51	23.58
미국	26.76	9.54	16.55
중국	11.73	12.43	12.15
홍콩	16.94	5.32	10.05
인도	3.85	13.12	9.34
프랑스	16.15	4.47	9.23
독일	2.52	10.01	6.96
조선	2.86	2.98	2.93
벨기에	0.09	1.81	1.11
스위스	0.52	1.48	1.09
러시아	1.62	0.83	1.15
이탈리아	2.26	0.11	0.99
필리핀	0.16	1.05	0.69
기타 국가	6.88	2.34	4.19
합계	100	100	100

단위: %

일본 수출에서 조선이 차지하는 비율은 2.86%, 일본 수입에서 조선의 비율은 2.98%밖에 되지 않는다. 전체 무역 규모에서 차지하는 비율도 2.93% 정도이다.

조선에서는 일본이 굉장히 중요한 무역 상대였다. 중국과 더불어 일본이 무역액에서 절대적인 비중을 차지했다. 그런데 일본에서는 조선이 중요한 무역 상대가 아니었다. 수출 혹은 수입 측면에서도 일본 무역에서 조선의 비중은 절대적으로나 상대적으로나 크지 않았다. 일본의 주요 대기업, 상사들은 영국, 미국 등 서구와의 무역에 힘을 썼다. 조선과의 무역은 상대적으로 작은 기업들에 의해서 이루어졌다. 일본과의 무역이 굉장히 중요하고 큰 비중을 차지했던 조선으로서는 자존심이 상하는 일이지만, 일본의 주요 상사들에게 적어도 규모 면에서 조선은 의미 있는 시장이 아니었다.

제4장
청나라와 조선

"하지만 중국은 처음 전투에서 아무리 혹독한 피해를 입어도 포기하지 않을 것이다."

그렇게 판단하기에 청일전쟁은 지나치게 일방적인 전쟁이었다. 장비와 인력만 채운 오합지졸이 어떤 참상을 빚는지 한눈에 보여주는 현실이었다. 청일전쟁은 일본에 대한 평가보다는 청나라에 대한 평가에 더욱 큰 영향을 끼쳤다. 청나라도 자신들이 동아시아의 중심에서 물러나게 됐다는 자괴감을 느꼈다. 또한 비록 일본에 대한 서양의 판단은 유보되었지만, 청일전쟁은 당시 조선의 향방에도 돌이킬 수 없는 영향을 주고 말았다.

서양인들은 청일전쟁을
어떻게 예상했나

1894년 7월 25일, 아산 인근 바다에서 병력 수송 중이던 청나라의 호위함과 수송선이 일본 군함의 습격을 받았다. 수송선은 전함의 상대가 되지 않는다. 청나라 수송선은 일본 전함에 격침되고, 청나라는 대규모 패전을 기록했다. 청일전쟁의 발발을 알리는 풍도 해전이었다.

아시아 최대 강국이며 부국인 청나라와 당시 신흥개발국으로 떠오르던 일본 간의 전쟁. 당시 조선은 당연히 청나라가 이길 것으로 보았다. 거대한 중국이 조그만 섬나라인 일본에 질 것이라고 예상하기는 힘들었다. 그러면 영국의 『이코노미스트』는 청일전쟁을 어떻게 보았을까. 중국과 일본 간 전쟁에서 누가 이길 것으로 생각했을까?

1894년 7월 28일, 그러니까 풍도 해전이 끝난 직후 『이코노미스트』는 청일전쟁의 미래를 전망하는 기사를 싣는다.

아산 인근 바다에서 격침된 청군의 수송선 고승호. 고
승호는 영국 국적의 상선이기에 영국에서 일본에 대
한 비난을 불러일으켰다.

In her first encounters with Japan it is almost certain that China will be worsted. The superior armament and training of the Japanese forces is bound to tell. But however heavily she may be defeated in the beginning, there will be with China no thought of giving up the struggle. The loss of tens of thousands of men is to her a matter of comparative indifference. To her teeming millions that is as nothing. Her dependence is upon the masses of troops she can keep pouring … (1894년 7월 28일)

일본과의 첫 교전은 중국에 쓰라린 패배를 안길 것이다. 일본군의 무장과 훈련도가 우월하다는 점을 당연히 말해두겠다. 하지만 중국은 첫 전투에서 아무리 혹독한 피해를 입어도 포기하지 않을 것이다. 몇 만 명의 손실 정도는 중국에게는 아무것도 아니다. 수백만이라도 크게 달라지지 않을 것이다. 중국의 군대는 그 풍부한 인구에 의존하고 있기 때문이다.

『이코노미스트』는 일본군이 훈련이 잘 되어 있고 장비도 잘 갖추고 있다고 보았다. 그런데 중국은 군대가 훈련되어 있지 않고 장비도 충분하지 않지만 군대의 수가 월등히 많다고 서술한다. 전쟁에는 물론 병력이 중요하다. 실제로 투입되는 병력과 예비 병력만이 아니라, 그 병력이 소진되었을 때 보충할 수 있는 인구 역시 간과할 수 없는 요소다. 이 둘이 풍부했기에 중국의 저력을 모두 의심하지 않았던 것이다. 그러나 제국주의 시대는 과거만큼 병력의 수가 절대적인 영향을 끼치는 시대가 아니었다.

중국의 군대는 일사분란하게 관리되는 국가의 군대라기보다는 군벌 개개인이 보유한 사병의 연합에 더욱 가까웠다. 게다가 중국이 동원한 군인은 진정한 의미에서 정병과는 거리가 멀었다. 무기도 보충하고 전함도 사들였지만 운용과 편제는 과거의 방식을 그대로 유지했다. 근대식 장비에 맞춘 제대로 된 군사훈련이 이루어졌을 리만무했다. 농사를 짓거나 다른 생업에 종사하던 사람을 변변찮은 전투나 전술 훈련 없이 총 하나 들리고 전함에 태운다고 해서 전쟁에 이길 수는 없다. 과거에는 중국의 상대편들도 다 그런 식이었기 때문에 수가 많으면 나름대로 도움이 되기는 했다. 무기도 대량살상은 불가능한 냉병기 시대였다. 하지만 시대가 변했다. 정식으로 훈련을 받고 정비된 군인 앞에서 농민들로 구성된 군대는 오합지졸일 뿐이다.

물론 오합지졸도 수가 많으면 어느 정도 전력이 된다. 창과 칼을 휘두르던 과거에 비해 발달했다고는 해도 당시의 무기라는 게 오늘날처럼 엄청난 물건들은 아니었다. 중국의 지도부는 군인들이 아무리 전쟁터에서 죽어나가도 비교적 담담했다. 다른 나라라면 희생자가 많을 때 더 이상 싸우려 하지 않겠지만, 중국은 달랐다. 한국전쟁에서 미군이 물러서게 된 것도 바로 이런 중국의 인해전술 때문이었다는 얘기도 있다. 아무리 죽어나가도 끝없이 몰려나와 진격하는 중국군 앞에서, 미군과 국군은 물러설 수밖에 없었다.

『이코노미스트』는 청일전쟁도 그런 식의 전쟁이 될 것이라 예상했다. 하지만 중국이 이길 것으로 보지는 않았다. 중국은 이번 전쟁에서 패하고, 이 패배를 통해 중국이 얼마나 뒤처져 있는지를 스스로 알게 되리라 여겼다.

중국이 근대식 군대와 전쟁을 한 게 일본이 처음은 아니다. 그동안 영국과 아편전쟁도 했고, 러시아 군대와도 충돌이 있었다. 하지만 그런 전쟁과 일본과의 전쟁은 질적으로 차이가 있었다.

아편전쟁은 영국과 중국이 서로 국운을 걸고 싸운 전쟁이 아니다. 단지 광동 지역의 분쟁을 해결하기 위해 시작한 전쟁이다. 영국도 이 전쟁을 통해 중국 전체를 유린하려고 한 것이 아니다. 적정한 대가만 받으면 되는 거였다. 중국도 이 전쟁에서 지면 국가가 망한다는 생각으로 싸운 게 아니다. 국가 간 총력전이 아닌 국지전이었고, 그 사실을 영국도 중국도 알고 있었다.

1884년에 벌어진 청불전쟁도 마찬가지이다. 프랑스는 베트남 지역을 차지하기 위해서 전쟁을 시작했지, 청나라를 점령하려고 시작한 것이 아니었다. 청나라도 베트남 지역을 지킬까 말까 정도의 문제였지, 국가가 망하느냐 마느냐 식의 전쟁으로 파악하지는 않았다. 하지만 일본과의 전쟁은 달랐다. 일본은 이 전쟁에 국운을 걸었다. 그동안 청나라가 경험한 전쟁이 국지전이라면, 일본과의 전쟁은 전면전이었다.

그런데 『이코노미스트』는 청나라의 패배가 청나라에 꼭 나쁜 일이라고만 할 수는 없다고 봤다. 도리어 이 전쟁이 결국 중국을 전면적인 개혁으로 이끌 수 있을 것이라고 보았다. 그동안 여러 전쟁에서 패했지만, 중국은 자기들이 근본적으로 틀렸다는 생각은 하지 않았다. 단지 전함, 대포 등 무기가 서양보다 좋지 않아서 졌다고 생각했다. 그래서 당시 중국의 개혁 방향은 '동도서기'였다. 단지 기술이 부족할 뿐이고, 기술만 보완하면 충분히 서양 제국과 싸울 수 있다고 본 것이다. 그래서 중국은 전면적인 개혁 대신 전함을 사들이고 대포를 개량하는 등 서양의 기술을 받아들이는 데 힘을 쏟았다.

이처럼 미진해 보이는 개혁의 첫 시험대가 바로 일본과의 전면전이었다. 여기서 패하면 중국의 문제점이 모두 다 공개적으로 드러날 것이다. 기술적인 면이 아니라, 과거를 고수하고 모든 면에서 전통을 그대로 따르려 하는 중국의 관습이 문제라는 것을 알게 될 것이다. 결국 청일전쟁의 패배로 중국은 자신의 문제점을 제대로 알고 앞으로 전면적인 개혁의 길을 갈 수 있을 것이다. 청일전쟁을 보는 『이코노미스트』의 해석이 바로 이러했다.

그래도 서구 제국들은 일본의 힘이 자신들에 맞설 정도로 커졌다고까지는 생각하지 않았다. 그렇게 판단하기에 청일전쟁은 지나치게 일방적인 전쟁이었다. 장비와 인력만 채운 오합지졸이 어떤 참상을 빚는지 한눈에 보여주는 현실이었다. 지휘관은 도망가고, 사병들은 무기가 부족했다. 평양 전투에서도 몸만 사리다가 처절한 패배를 맞이했다. 청일전쟁은 일본에 대한 평가보다는 청나라에 대한 평가에 더욱 큰 영향을 끼쳤다. 청나라는 예상보다 훨씬 형편 없었다.

어쨌든 청일전쟁으로 그동안 아시아의 맹주로 인식되었던 중국의 지위를 일본이 대체하게 된다. 하지만 그렇다고 일본이 서구 국가를 따라잡았다고는 아직 보기 어려웠다. 『이코노미스트』는 청일전쟁의 전말과 중국, 일본의 행보를 그렇게 예측하고 있었다.

왜 청일전쟁을
한국전쟁이라 부를까

1894년 9월 24일자 기사의 제목에서 『이코노미스트』는 청일전쟁을 'Korean War'라고 표현한다. 직역하면 '한국전쟁'이다. 지금은 1950년 북한과의 전쟁을 한국전쟁이라고 하지만 당시에는 한국전쟁이 청나라와 일본의 전쟁을 의미했다.

The Korean War

The Japanese have surpassed even the expectations of their warmest friends. Those who had seen the Japanese army at close quarters, had marked its precision of organisation and equipment, and had noted the excellent condition of the fleet, declared that the forces of the Mikado need have no fear of meeting the Chinese in battle, and prophesied that whenever the two nations became engaged, victory would be with the Japanese. (1894년 9월 24일)

일본인들은 친우들의 기대 이상의 모습을 보여주었다. 가까운 거리에서 일본군을 목격한 사람들은 장비와 조직의 정밀함을 언급했으며, 함대의 상태도 최상인 점에 주목했다. 이들은 일본군이 중국군을 전장에서 압도할 거라고 장담하며, 두 나라가 맞붙는다면 승리는 일본에 돌아갈 거라고 예견했다.

청일전쟁은 조선에서 시작됐고, 또 조선에서의 주도권을 위해 벌어진 전쟁이다. 당연히 조선은 이 전쟁과 떼려야 뗄 수 없는 관계에 있다. 그러면 『이코노미스트』는 청일전쟁 시기 한국에 대해 어떠한 시각을 지니고 있었을까.

『이코노미스트』가 청일전쟁과 관련해 가장 먼저 관심을 보인 것은 자국 무역에 끼칠 영향이었다. 무역 상대국인 동아시아 국가들이 서로 전쟁을 벌이게 됐으니, 무역거래의 피해와 이익 규모의 변화가 궁금했을 것이다. 전쟁이 일어나면 사람이 죽고 다친다. 특히 전쟁터가 된 조선 백성들의 피해가 막대해진다. 하지만 서구 국가들의 주 관심사는 자기들의 이익이었다.

서구는 우선 청일전쟁으로 영국의 무역에 어떤 영향이 있을까를 분석했다. 그리고 단기적으로는 청일전쟁이 영국의 이익에 별다른 영향을 미치지 못할 것이라고 판단한다. 당시 영국의 무역은 대부분 유럽 국가들, 그리고 영국의 식민지 지역들과 이루어졌다. 영국이

인천에 상륙한 일본군 육군 제9혼성여단. 그로부터
한 달 뒤, 풍도해전이 발발하기 이틀 전인 7월 23일
에 이 병력은 경복궁을 무단으로 점령한다. 당시 여단
장이 오시마 요시마사(大島義昌), 현 일본 총리인 아베
신조의 외고조부다.

동아시아 지역에서 수입하는 양은 전체 수입량의 10%를 조금 넘을 뿐이다. 동아시아 지역에 수출하는 양은 영국 전체 수출의 5%도 되지 않는다. 일본과의 거래량은 그것보다 훨씬 적고, 조선과의 거래는 거의 없는 것이나 마찬가지였다.

게다가 이 수입량은 영국의 식민지인 홍콩과 포르투갈의 식민지인 마카오 등이 포함된 것이다. 전쟁이 주로 벌어지는 장소도 한반도와 만주이며 이 지역과의 거래는 비중이 특히나 적다. 심지어 일본은 서구 열강들에게 피해가 가지 않도록 중국의 교역항은 공격하지 않기로 약속한 터였다.

오히려 청일전쟁은 영국의 무역량을 증가시킬 것이다. 전쟁을 하려면 물자가 필요하다. 군사 무기부터 군인들이 사용할 일상용품, 식량 등등 갑자기 요구되는 그 많은 물품을 청나라와 일본이 자체적으로 모두 조달할 수는 없다. 청나라도 일본도 외국으로부터 물건을 들여와야 한다. 영국은 청일전쟁을 통해 거래량을 늘리고 이익을 얻을 수 있다고 판단했다.

장기적으로도 청일전쟁은 영국에 큰 도움이 될 수 있다. 그동안 중국은 제대로 시장 개방을 하지 않았다. 서구의 기술을 적극적으로 도입하려고 하지도 않았다. 단지 무기 등만을 구입해서 군사력을 보강하려고 했을 뿐이다. 영국은 이번 전쟁이 중국 내부적으로 어떤 문제를 안고 있는지 그대로 보여주는 계기가 되리라고 생각했다.

우선 중국에는 철도 시설이 없었다. 중국에 철도를 설치하려는 시도가 있기는 했지만, 서태후 등 기존 권력자가 철도를 좋아하지 않았다. 중국인들은 철도가 반드시 필요한지에 대해서도 제대로 인식하지 못했다. 중국의 전통적인 도로망과 운하를 이용하는 것에 대해 아무 불만이 없었다. 하지만 청일전쟁에서는 많은 군대를 전쟁터로 보내야 했다. 군인들이 사용할 물자도 함께 보내야 했다. 철도가 없으니 군인들은 걸어서 이동했다. 식량을 짊어지거나 수레에 실어 긴 거리를 이동해야 했다. 옛날이야 어느 나라든 그런 식으로 전쟁을 했지만, 이 시대는 근대다. 중국을 침략해올 일본 군인들은 배를 통해 중국 땅 여기저기에 상륙할 수 있다.

중국에는 전신망도 부족했다. 일본군은 전신으로 정보를 전달하는데, 중국군은 파발마를 통해서 전달한다. 이런 식으로는 전쟁에서 이길 수 없다. 그동안 중국은 철도, 전신망의 필요성을 제대로 인식하지 못했다. 하지만 청일전쟁으로 이제는 그런 기술들이 필요하다는 것을 인식할 수 있을 것이다.

이번 전쟁으로 중국 사회 기반 시설의 문제점을 알고 나면 중국은 서구 기술을 적극적으로 도입하고 사용하려 할 것이다. 그러니 그런 사회 기반 시설을 만들기 위해 영국 기업들이 중국에 진출할 수 있을 것이다. 또 그동안 중국과의 무역이 크게 증가하지 못했던 주요 이유 중 하나였던 철도 문제도 해결된다. 철도가 생기면 중국 내륙에도 깊숙이 접근할 수 있다. 청일전쟁을 통해 향후 중국 시장은 훨씬 더 커질 수 있다. 장기적으로 볼 때, 청일전쟁은 영국에 큰 도움이 될 것이다.

또한 전쟁을 하기 위해서는 돈이 필요하다. 지금 당장은 청나라도 일본도 전쟁을 하기 위한 충분한 자금을 보유하고 있다. 그러나 전쟁이 길어지면 두 나라 모두 전쟁 자금을 필요로 하게 될 것이다. 그렇게 되면 외국으로부터 돈을 빌려야만 한다. 영국은 이들 나라에 돈을 빌려주고 그에 따른 이자 등을 챙길 수 있다.

『이코노미스트』는 청일전쟁이 결코 영국에 손해가 아니며, 단기적으로도, 장기적으로도 이익을 주는 전쟁이라고 이야기한다. 즉 청일전쟁을 철저히 자국의 이익 관점에서 바라보고 있다. 전쟁이 일어나는 조선의 이익이나 불행에 대해서는 아무런 관심이 없었다. 청일전쟁에서 전쟁이 발발한 조선은 막상 국제 사회에서 관심의 대상이 되지 못했다.

일본은 이제 전쟁을 끝내라는
서양의 요구

●

　　　　　　　　　　1894년 11월 일본은 중국의 포
트 아르투르(대련항)를 점령했다. 중국의 북양함대를 무너뜨리고 요
동반도에 있는 주요 항구를 점령한 것이다. 북양함대를 무너뜨렸
다고 중국 해군 전체가 무너진 것은 아니다. 현재 미국에도 태평양
을 담당하고 있는 7함대, 대서양을 담당하고 있는 2함대, 동태평양
을 담당하고 있는 3함대 등 여러 함대가 있다. 이 당시 중국도 마찬
가지였다. 요동반도, 산둥반도 부근을 담당하는 북양함대가 있었고,
광동 지역을 담당하는 광동함대가 있었다. 일본군에게 패한 것은 이
중 북양함대였다.

　　이 무렵 중국에는 아직 근대적인 의미의 국가라는 개념이 미비
했다. 중국에서는 청일전쟁을 청나라와 일본 간 전쟁이라기보다는,
당시 권력자인 이홍장과 그의 직계 군벌 그리고 일본 사이의 전쟁
으로 보는 시각이 있었다. 북양함대도 이홍장이 만든 함대다. 광동

함대는 청일전쟁을 자기들과 별 상관이 없는 전쟁이라 생각했다.

당시 중국의 군벌 시스템을 말해주는 에피소드가 있다. 광동함대는 청일전쟁이 발생하기 전에 3척의 배를 북양 해군에 파견했다. 청일전쟁에 참여하라고 보낸 것이 아니라 친목상, 서로 보고 배우라는 의미에서 파견한 배들이다. 그런데 해전이 발생하자 3척의 배가 전쟁에 휘말려 2척은 침몰했고, 1척은 일본에 나포됐다.

광동함대 측은 이 1척의 배를 돌려달라고 했다. 이 배는 북양함대 소속이 아니라 광동함대 소속이며, 전쟁에서 패한 것은 북양함대이니 전쟁과 상관없는 광동함대의 배는 돌려달라는 것이었다. 당시 중국이 국가 관념보다는 지방군벌적 관념을 가지고 있다는 것을 보여주는 에피소드다.

어쨌든 북양함대의 패배는 청일전쟁에서 엄청난 의미를 가지고 있었다. 북양함대가 있을 때는 일본군이 조선에 상륙해서 요동 지역 등을 모두 거쳐야만 베이징까지 도달할 수 있다. 군대를 보내기에는 거리도 거리거니와 보급물자 수송까지 생각하면 심각한 무리가 따랐다. 하지만 북양함대의 패배로 일본의 배가 중국 해안에 마음대로 상륙할 수 있게 됐다. 광동함대가 지배하는 남쪽은 곤란하겠지만 북쪽 지역은 일본의 사정권 안에 들었다. 일본 군대가 베이징 부근에 상륙하면 중국의 수도가 점령당할 수 있는 사태가 벌어진다. 일본에 의한 중국의 멸망이 상상이 아니게 된 것이다.

이 시점부터 서양 국가들이 개입하기 시작했다.

The capture of Port Arthur is, of course, a most serious blow to the Chinese Empire. Besides the shock to their prestige, it practically deprives the statesmen of Pekin of their fleet, it takes away from them most of their imported munitions, and by destroying the repute of Li-Hung-Chang it probably completes the demoralization of the army, which he, almost alone in China, had exerted himself to organize. ⋯ Nevertheless, there are considerations which even in the moment of their success they will do well to weigh, and which suggest that it will be expedient for them, if China offers reasonable terms, to consider the facts very carefully before they peremptorily reject them. (1894년 12월 1일)

포트 아르투르의 상실은 중국에는 뼈아픈 타격이다. 중국이라는 나라의 위상에 상처를 남겼음은 물론이고, 베이징의 유력한 정치인이 소유한 함대도 분해되어버렸다. 수입했던 군수품 대부분은 사라졌고, 이홍장의 명성도 치명타를 입었다. 이홍장이 그렇게 분투하며 키웠던 군대는 곧 완벽한 오합지졸이 되어버릴 것이다. 하지만 성공을 앞두고 일본이 고려해야 할 것이 있다. 대가를 요구하기 전에, 만약 중국이 납득할 만한 조건을 제시한다면, 이를 거부하지 말고 신중히 검토해야 한다.

언뜻 보기에는 이제 전쟁이 끝났으니 원만히 합의하라고 충고하는 것처럼 보인다. 그런데 실상은 부드러운 충고와는 거리가 멀었다. 만약 일본이 충고를 받아들이지 않으면 좋지 않은 결말을 맺게 되리라는 말이 이어지기 때문이다.

This point is most important, because the true difficulty of the Japanese is that if they refuse to make peace they are nearly certain to come across some first-class European Power, and so to be compelled to subject their fleet and their armies to a higher test. They could not, with their fleet defeated, hope to retain their grip upon Korea.

이 점이 중요한데, 만약 일본이 평화를 거부하면, 일본은 최고 수준의 유럽 군대를 상대해야 하며 이것이 일본에 지금까지와는 다른 어려움을 안길 것이기 때문이다. 함대를 잃어버리면, 일본은 한국에 대한 영향력을 유지할 수 없을 것이다.

이것은 '이제 전쟁을 그만둬라. 여기서 멈추지 않으면 우리 서구 제국들이 개입하겠다. 우리들이 개입하면 너희는 상대가 되지 않는다. 그러니 좋은 말할 때 그만둬라'는 협박의 메시지다.

서구 제국은 일본이 청나라를 이기는 것까지는 괜찮았지만, 이것으로 청나라가 멸망에 이르는 것, 혹은 정말로 큰 타격을 받는 것은 원하지 않았다. 그것은 중국 내 서구의 이권, 서구 제국 사이의 세력 균형에도 영향을 끼치기 때문이다. 『이코노미스트』는 뒤이어 중국과 일본 간 화평 조건이 어떤 것이어야 하는지도 이야기한다.

If the Japanese make peace, say, on the declaration of the independence of Korea, the cession of Formosa, the payment of expenses, and the grant of an indemnity of twenty millions.

일본은 포모사(타이완)의 양도, 중국으로부터의 배상금 등을 얻을 수 있다. 그리고 조선의 독립을 선포할 수 있다.

이 기사가 실린 1894년 12월은 아직 청일전쟁이 진행될 때이다. 그런데 『이코노미스트』는 벌써부터 전쟁으로 일본이 얻을 이익을 이야기하고 있다. 조선의 독립, 타이완의 할양, 배상금이다. 실제 청일전쟁 후 맺어진 시모노세키조약에서 청나라가 일본에 준 것도 바로 이 세 가지다. 요동반도도 일본이 차지했지만 러시아, 독일, 프랑스의 삼국간섭으로 도로 토해내게 된다. 결국 이때 『이코노미스트』가 언급한 화평 조건이 실제로도 일본의 전리품이 된다.

서구 제국들의 간여 과정을 보면 청일전쟁을 청나라와 일본 두 나라만의 전쟁이라고 하기는 힘들어 보인다. 일본은 청나라에 파죽지세로 쳐들어갔는데 어느 날 갑자기 진격을 멈췄다. 육지에서는 연전연승이고, 북양함대를 몰살시켜 충분히 청나라의 수도인 베이징까지 점령할 수 있는 상태였는데도 전쟁을 멈췄다. 그리고 승전에 따른 이익조차도 서구 열강들이 그어놓은 기준선에 따랐다. 청일전쟁은 청나라와 일본만이 아니라 서구 열강들의 이해와 입김이 강하게 작용한 국제적인 전쟁이었다.

삼국간섭과
일본의 분노

⬤

청일전쟁 후 맺어진 시모노세키 조약으로 인해 청나라는 요동반도를 일본에 할양하려고 했다. 하지만 러시아, 프랑스, 독일이 이를 반대했고 일본은 요동반도를 포기했다. 이것이 1895년 4월에 벌어진 삼국간섭의 결과다.

3개국은 그냥 평화롭게 요동반도를 중국에 돌려주는 게 어떠냐고 의견을 제시한 게 아니다. 일본이 선의로 요동반도를 반환한 것도 아니다. 이 3개국은 자신들의 말을 듣지 않으면 전쟁이 일어날 것이라고 무언의 협박을 했고, 일본은 그것을 받아들일 수밖에 없었다. 일본이 러시아, 프랑스, 독일과 싸울 힘은 없었기 때문이다.

삼국간섭은 조선에도 큰 영향을 끼쳤다. 조선에서는 일본이 러시아의 요구에 굴복하는 것을 보고 친러파가 득세를 했다. 일본이 청나라를 몰아낸 걸 보고 굉장히 강한 나라라고 생각했는데 러시아에는 꼼짝을 못했기 때문이다. 이를 본 민씨 정권은 바로 러시아 편

러시아 공사관 앞에서 고종의 환궁을 요구하며 무력
시위를 벌이는 일본군.

으로 돌아섰다. 여기에 일본이 반발해서 을미사변까지 발생했다. 그리고 고종은 아관파천을 일으켜 러시아 공관으로 피신했다. 1895년 이후 조선의 급변하는 정세는 이 삼국간섭으로 발생한 것이다.

그러면 영국은 삼국간섭을 어떻게 생각했을까? 간섭이 부당하다고 생각했을까, 아니면 당시 정세에서 국제적 세력균형을 위한 적절한 개입이라고 생각했을까?

『이코노미스트』는 1895년 5월 11일 '일본의 굴복(The Japanese Surrender)'이라는 제목의 글에서 다음과 같은 논조를 편다.

It was not our business to pull chestnuts out of the fire for Russia, and we do not believe that the annoyance of France and Germany at our refusal to join them in intervening in Japan will survive a little reflection, more especially if they have succeeded in doing without us. … We are certainly not injured by the friendship which we must have developed in Japan, and while the annexation of Port Arthur did not injure us, the surrender of Port Arthur is not in any perceptible way to our disadvantage. (1895년 5월 11일)

러시아를 위해 총대를 메고 나서는 일까지 할 필요는 없다. 우리가 참여하지 않는다고 해서 프랑스와 독일이 크게 곤란할 것 같지도 않다. 우리 없이도 잘해나가게 된다면 더욱 그러할 것이다. (요동 반도에 있는) 포트 아르투르의 향방의 문제 때문에 원만하던 일본과 영국의 우애가 새삼 상하지도 않을 것이다. 그것으로 우리에게 불이익이 오지도 않는다.

영국의 입장은 '적절한 개입' 쪽이었다. 영국은 일본이 요동반도까지 차지해서 일본의 힘이 지나치게 커지는 것은 원하지 않았다. 전쟁이 한창일 때에도 『이코노미스트』는 전쟁 후 일본이 차지할 전리품으로 조선의 독립, 타이완 병합, 배상금 등을 나열했지만 요동반도가 일본에 넘어가는 것에 대해선 언급하지도 않았다.

하지만 영국은 삼국간섭에 참여하지 않았다. 일본의 요동반도 소유에 찬성해서가 아니다. 러시아, 프랑스, 독일 3개국만으로 충분히 효과를 얻을 수 있는데 굳이 일본의 욕을 얻어먹으면서까지 참여할 이유는 없다고 생각했기 때문이다.

어쨌든 삼국간섭은 일본에게 굴욕을 안겼다. 일본은 싸우지도 못하고 서구 제국에 항복한 셈이 됐다. 이 사건 후 세 나라는 일본의 미움을 톡톡히 받게 되는데, 예상대로 영국은 나름의 처신 덕분에 비난의 대상에서 빠진다. 이것은 훗날 영일 협력의 기초가 되었다.

『이코노미스트』는 같은 날 기사에서 삼국간섭과 관련한 일본의 입장에 대해 이렇게 이야기한다.

> 삼국간섭으로 일본은 굉장히 실망했다. 그리고 일본이 이 실망에 대해 앞으로 어떤 행동을 취할진 아무도 모른다. 일본은 이 일 이후에 중국과의 통상 거래를 증가시키는 데 온 힘을 다할 수도 있다. 아니면 이 일을 주도한 러시아에게 한 방 먹이기 위해 자기의 무력을 증진시키는 데 전념을 다할 수도 있다. 후자도 충분히 일어날 만한 상황이다. 그들은 러시아의 간섭에 엄청나게 화가 났기 때문이다.

결국 일본이 선택한 쪽은 통상이 아니라 무력 증대였다. 일본은 바로 러시아와의 전쟁을 상정하고 군비 증강에 들어갔다. 일본이 러시아에 화가 난 이유는, 시모노세키 조약으로 얻은 요동반도를 삼국간섭 때문에 반환했는데, 이 지역을 러시아가 세력권으로 삼았기 때문이다. 일본으로서는 죽 쒀서 개 준 꼴이 아닐 수 없었다.

일본의 분노는 서구의 다른 열강에도 향했다. 그들은 일본의 힘을 제대로 인정하지 않았다. 아시아 국가들 사이에서 힘이 세졌다는 것은 인정했지만, 서구 열강과 비교할 수 있는 수준으로 생각해주지는 않았다.

그렇다면 이때 조선은 서구 제국 사이에서 어떻게 비쳤을까? 『이코노미스트』는 일본의 전리품이 된 조선에 대해 '얻는 것 없이 귀찮은 상속물(damnosa heredit)'이란 표현을 쓴다.

> Korea may prove but a damnosa heredit is … (1895년 4월 20일)

『이코노미스트』는 이때 조선을 지정학적, 정치적으로는 중요할지 몰라도, 경제적으로는 아무것도 건질 게 없고 오히려 부담만 되는 곳이란 시각을 가지고 있었다.

당시 조선과 일본은 『이코노미스트』의 기사 내용들을 알고 있었을까? 조선에서 『이코노미스트』를 알고 그 내용을 파악하고 있었는지의 여부는 잘 모른다. 하지만 일본은 분명 『이코노미스트』 기사 내용을 파악하고 있었다. 당시 일본은 세계 각국에 공사를 파견해서 자료 수집을 했다. 또 『이코노미스트』를 일본 국내에서 구독하고 있었다.

어쨌든 일본은 이때 『이코노미스트』가 제시한 두 가지 길 중에서 한 가지 길을 간다. 일본은 더욱 더 힘을 기르는 길을 골랐다. 결국 러시아와의 전쟁으로 가는 길을 선택한 셈이다.

일본의 식량 공급지
-포모사

19세기 말 조선의 주요 수출품은 쌀이다. 세계 각국에 널리 수출된 것은 아니며, 거의 모든 쌀이 일본에 수출됐다. 그래서 한국의 역사 교과서 등에서는 일본이 조선을 식량 공급지로 만들었다고 비판을 하곤 하며, 훗날 일제강점기 시기의 역사를 생각해보면 그 말도 그렇게 틀린 말은 아니다.

그런데 『이코노미스트』는 조금 다른 이야기를 하고 있다. 일단 일본이 쌀이 부족한 것은 맞다. 일본 도시 지역에서는 공업화를 추진했다. 당시 공업은 지금처럼 자본집약형이 아니라 노동집약형이고, 공업화를 추진하는 과정에서는 많은 인력이 필요했다. 공장은 이들에게 식사를 제공하고, 세탁을 해주고, 놀이도 제공해야 했다. 일본 도시에 많은 노동력이 필요해졌고, 일본 농촌의 젊은이들이 고향을 떠나 일자리가 있는 도시로 이동했다. 따라서 일본 농촌에서는 일손 부족 현상이 일어났다.

도시에서 노동력이 부족하고, 농촌에서도 일할 사람들이 빠져나가니 임금이 오르기 시작했다. 또한 농촌 노동자의 임금이 오르니 그 임금 값을 반영해서 쌀 가격도 올랐다. 심지어 일본 정부는 그때 토지세도 새로 매기기 시작했다. 농지에 세금을 부과하니 쌀 등의 가격도 덩달아 올랐고, 결국 도시의 가난한 노동자들이 쌀을 사먹기 힘들 정도가 되었다. 그래서 쌀 파동이 나고 폭동까지 발생했다.

이런 위기 상황에서 일본은 식량을 외국에서라도 구입해와야 했다. 이때 일본이 대량으로 식량을 사온 곳은 어디일까? 식량 공급지가 되었다는 조선이었을까? 아니다. 그곳은 바로 포모사, 지금 우리가 타이완이라 부르는 지역이었다. 『이코노미스트』 역시 일본에 식량을 공급하는 주요한 지역으로 이 포모사를 이야기한다. 조선은 일본에 식량을 공급하는 주요 지역에 들어가지 않았다.

타이완은 청일전쟁에서 일본이 승리하면서 차지한 지역이다. 전후 청산을 위한 시모노세키조약에서 청나라가 타이완을 일본에 할양했다. 이때부터 타이완은 정식으로 일본 영토가 된다. 조선보다 15년 일찍 일본의 식민지가 된 것이다.

타이완은 한반도보다 훨씬 따뜻한 지역에 위치하며 1년에 3모작, 4모작을 한다. 쌀을 대량생산하기에 매우 적합한 지역이다. 그래서 타이완은 일본의 본격적인 식량 기지 역할을 맡게 된다.

Formosa is proving a great drain upon Japan, and seems likely to continue so for many years. (1898년 1월 8일)
타이완은 대량의 곡식을 일본에 공급하고 있고, 이런 추세는 여러 해 동안 계속될 것이다.

일본은 타이완을 얻은 뒤 개발을 시작했다. 사실 이때까지 타이완은 별로 관심을 받지 못하던 지역이다. 타이완은 1683년 중국에 복속됐는데 중국이 타이완에 관심을 가지게 된 것도 내륙에서 반란을 일으킨 정성공이 그곳으로 도망갔기 때문이다. 정성공은 1661년 타이완에 자신의 왕조를 세운다. 3대에 걸쳐 정씨 왕조가 이어졌지만, 결국 중국에 의해 멸망한다. 타이완이 한족의 지배를 받게 된 것은 이 무렵부터다.

그간 중국이 타이완에 대해 관심을 갖지 않은 이유는 두 가지였다. 하나는 타이완이 반란자의 소굴이었다는 점이다. 반란자의 근거지에 큰 관심을 가지고 개발하는 사람은 별로 없다. 또한 타이완은 섬이다. 중국은 항상 내륙 지역에 대해서만 관심을 가졌지, 섬에 대해서는 별 관심이 없었다.

그렇게 타이완은 중국 문명에서도 동떨어진 지역이자 동아시아의 문명도 제대로 들어가지 않은 외딴 곳이었다. 그곳에 일본이 들어갔다. 일본은 그 지역을 개발하려고 했고 실제 많은 투자를 했다. 타이완에 철도를 건설하려 하고, 새로운 문명과 상업 문화를 도입하려 했다. 하지만 원주민들은 일본인들에게 잘 복종하지 않았다. 그 결과, 주요 도시 지역은 모를까, 이 당시 타이완의 대부분 지역은 외국인이 거주할 만큼 안정화되지 않았다.

그럼에도 타이완은 일본에게 중요한 전략적 요충지였다. 일본이 첫 번째 얻은 식민지였고, 일본의 불안한 식량 사정을 메꿔줄 수 있는 식량 공급지였다. 식량 문제에 있어서 일본의 1차적 관심 지역은 타이완이었고, 조선은 그 보조재였다.

청나라 이홍장과
서구 열강의 이권

현대 한반도에서 주요한 국제 이슈 중 하나는 북한의 핵개발이다. 주변 국가들은 북한 핵개발 문제를 해결하는 데 중국이 큰 역할을 할 수 있으며 중국이 강하게 밀어붙이면 북한이 영향을 받을 것으로 생각한다. 그런데 실제로는 북한이 중국 말을 그렇게까지 잘 듣지 않는다. 중국도 북한의 핵개발을 싫어하지만 북한은 그에 아랑곳하지 않고 핵개발을 해왔다. 하지만 여전히 주변 국가들은 중국이 북한에 결정적인 영향력을 미칠 수 있는 존재라고 생각한다.

100여 년 전 청나라와 조선의 관계도 이와 비슷했다. 서구에서는 1894년 청일전쟁 패배 후 청나라가 조선에서 물러날 때까지, 청나라가 조선에 큰 영향을 미치는 존재라고 보았다. 당시 청나라에서 권력을 쥐고 있던 사람은 이홍장이다. 서구는 이 이홍장을 조선의 실질적인 권력자로 생각했다.

이홍장은 조선의 외교 정책에 적지 않은 영향을 준 청나라 정치인이다. 서양의 기술을 받아들여 강해지 자는 양무운동을 주도하며 한때 아시아 최고의 함대 로 불리던 북양함대를 만들었지만 청일전쟁으로 실각 했다.

그 생각도 무리는 아니었다. 조선과 관련된 중요한 국제적 이슈마다 조선의 정책 결정에 영향을 미친 자가 그였기 때문이다. 일단 조선의 개항 자체가 이홍장의 권유에 의해 이루어졌다. 일본이 운요호 사건을 일으켜 조선을 개항시키려 했지만 조선은 계속해서 거부했다. 일본은 이홍장을 찾아갔고 그는 조선에 개항을 권유했다. 이홍장이 움직이자 조선은 고집을 꺾고 드디어 문을 열었다. 미국 등 서구 국가와의 수교도 이홍장이 막후교섭을 벌인 덕분이었다.

1885년 영국이 러시아의 남하를 막기 위해 조선의 거문도를 점령하는 사건이 발생했다. 이때도 청나라 이홍장이 개입해서 문제를 해결했다. 청나라와 러시아의 협의 결과, 러시아는 조선에 항구를 만들지 않기로 했고 이에 따라 영국은 철수한다는 협약이 맺어졌다.

1889년 방곡령 사건 때도 일본과 조선 간의 협의로 문제가 해결되지는 않았다. 청나라 원세개(위안스카이)가 나서서 협상 조건을 결정했다. 원세개는 이홍장이 보낸 사람이다. 이렇게 청일전쟁 이전 조선에서 발생했던 중요한 국제적 사건마다 이홍장은 빠지지 않고 등장한다.

『이코노미스트』에 서구 열강의 침략에 대해 '이홍장이 조선을 구했다'는 식의 표현이 나온다. 지금 우리가 중국이 북한에 영향을 미친다고 생각하는 것보다 훨씬 더 센 강도로, 이홍장이 조선에 영향을 준다고 생각했다.

국가의 개항 후에는 많은 변화가 따라온다. 개항장 내 외국인 거주지 인정, 국내 자원에 대한 외국의 이권 인정, 철도 부설권 부여, 통상에서의 특권 인정 등……. 이홍장은 이런 변화들에 대해 어떤 생각을 가지고 있었을까?

지금 우리는 이런 것들을 계속되는 외세 침략의 과정이라고 생각한다. 지난 세계사를 봐도 실제로 그랬다. 그런데 이홍장은 다르게 생각했다. 이홍장의 입장에서는 보다 더 많은 항구를 개방하는 것, 서양 열강에게 통상의 특권을 부여하는 것, 철도 부설 등 자원 개발권을 인정하는 것은 단지 서구 열강에게 떡밥을 던지는 일일 뿐이었다. '너에게 이런 것을 줄 테니 말 잘 들어라', '너에게 특별히 이런 이권을 줄 테니 다른 나라가 우리나라를 괴롭히려 하면 우리를 도와라', '네가 말을 잘 듣지 않으면 너에게는 이런 이권을 주지 않을 테니 알아서 해라'. 이홍장이 서구 국가에 각종 이권을 준 것은 이런 계산 아래서였다.

조선에 대해서도 다르지 않았다. 이홍장은 같은 논리로 조선이 각종 이권을 서구 국가들에게 넘기도록 했다. 이렇게 이권을 주니 서양 국가들은 조선에서 싸우지 않고 전쟁도 일어나지 않았다. 그래서 '이홍장이 조선을 구했다'는 표현이 나온 것이다.

이홍장이 생각할 때 중국과 조선이 외국에 이권을 준 것은 서구의 무력이 무서워서 어쩔 수 없이 넘겨준 것이 아니었다. 그는 자기가 서구 열강 세력을 굉장히 잘 다룬다고 생각했다. 교양 없고 사나운 서구 국가들을 자신이 영리하고 지혜롭게 관리하고 있다고 생각했다. 중국과 조선이 개방 이후 본격적인 개혁을 추진하지 않은 것도 그 때문이었다. 자기가 잘 하고 있다고 생각하니 개혁을 할 필요가 없다. '지금 이대로 가다가는 망한다, 변하지 않으면 위험하다'라는 위기감이 있을 때 개혁의 필요성이 제기되고 추진된다. 내가 아무 문제없이 잘 하고 있다고 생각할 때는 개혁을 할 마음조차 들지 않았다. 중국과 조선에는 서구의 침략에 대한 위기감이 없었다. 그러니 특별히 개혁을 할 필요도 없고, 침략에 대항해 힘을 기를 필요도 없다. 이홍장은 국제 정세에도 비교적 밝았고, 유능한 사람이었지만 근본적으로 갖고 있던 고정관념의 벽을 넘지는 못했던 것이다. 이홍장 혼자만 바뀐다고 넘을 수 있는 게 아니다. 당시 청나라의 지배층 대부분의 생각도 바뀌어야만 했다.

개항 당시의 정황도 이러한 상황을 부추겼다. 일본의 개항과 중국, 조선의 개항은 달랐다. 일본은 개항하는 과정에서 자기들의 힘이 서구 열강에 상대가 되지 않는다는 것을 알게 된다. 더 정확히는 상대가 안 되니 무서워서 개항한 셈이었다. 그리고 자기들이 서구 열강에 비해 모든 면에서 굉장히 뒤떨어진다는 것을 자각한다. 이대로 가면 망할지도 모른다는 위기감을 느끼고, 그래서 구체제를 바꾸어서 서구를 따라잡자는 개혁의 필요성이 제기된다. 일본은 자기들의 모든 전통을 희생하면서 서구화를 추진한다. 그렇지 않으면 서구 제국에 망할 것이라는 절박감이 있었다.

하지만 중국은 아니었다. 아편전쟁에서 패배하기는 했지만 그것은 지방에서 일어난 국지전일 뿐이다. 서구 열강에게 항구를 개방하고 조차지를 떼어주고 또 통상에서의 이권도 넘겼지만, 그것은 자기들의 힘이 부족해서 그런 것이 아니라 서구 열강들을 달래기 위함이다. '당했다, 빼앗겼다'는 느낌이 아니라 '이거 줄 테니 가만히 있어라'였다.

조선도 열강의 무력에 패배만 하진 않았다. 병인양요, 신미양요에서 서구 제국을 이겼다. 일본의 운요호 사건으로 개항을 하지만, 이것도 일본의 힘이 무서워서가 아니라 청나라의 권유 때문에 한 것이다. 그 후 일본이 조선에 말도 안 되는 욕심을 부리니, 서구 열강들에게 통상 특권이나 이권을 주고 그 대신 무슨 일이 생기면 조선을 도우라는 신호를 보냈다. 동아시아 최고 권력자였던 이홍장이 가졌던 서양의 이권에 대한 시각이 이러했고, 조선 역시 비슷한 시각으로 열강들을 바라봤다.

지금 생각하면 안타깝다는 생각이 든다. 개항을 했으면 빨리 서구를 따라잡기 위해서 근대화를 추진했어야 했다. 서구 열강들에게 이권을 넘기지 말았어야 했고, 서구의 위협에 어쩔 수 없이 이권을 넘겼으면 더는 그런 모욕을 당하지 않기 위해 힘을 키워야 했다. 최소한 주변의 정세를 제대로 파악하고, 외교적으로 무언가 해볼 준비라도 착실히 했어야 했다. 하지만 조선 말기 우리나라의 실권자들은 정세에도 어두웠고, 준비에도 게을렀다. 제국주의 시대라는 냉혹한 시대를 헤쳐 나가기에는 턱없이 부족했던 것이다.

제5장
러시아와 조선

"러시아와 일본의 이익이 극동 아시아 지역에서 충돌하고 있다."

러일전쟁이 아니었다면 러시아가 조선을 차지했을 것이다. 이것이 그 당시 서구 열강에서 일반적으로 예측하는 사실이었다. 이렇게 될 경우 조선은 러시아의 위성국가가 될 수는 있겠지만 나라가 사라지지는 않았을 것이다. 하지만 영국과 일본 입장에서는 조선이 위성국이 되든, 식민지가 되든 아무런 차이가 없었다. 러시아의 세력권으로 포섭되는 것 자체가 문제였다. 러시아의 남하 저지라는 전략적 이해를 공유하는 이들은 결국 전쟁이라는 값비싼 대가를 감수하기로 결정한다. 그리고 그 결과는 우리나라에 무시 못 할 영향을 끼쳐버렸다.

아관파천,
두 갈래 길에 놓인 조선의 운명

1896년 2월, 조선에 아관파천이 일어난다. 1895년 8월 을미사변 이후 생명의 위협을 느낀 고종이 왕세자와 함께 러시아 공관으로 피신한 것이다.

러시아 공사관에 무사히 자리 잡자마자 고종은 민비를 시해할 때 관련되었으리라 추정되는 고관들을 체포할 것을 명한다. 그동안 일본의 힘이 두려워 처벌하지 못했던 사람들이다. 그리고 김홍집 등 내각을 구성한 친일세력들에 대한 체포 명령을 내린다. 아관파천 후 친일파들이 몰락하는 데는 오랜 시간이 걸리지 않았다. 소식을 들은 시민들은 바로 들고 일어나 친일파들을 습격했다. 친일정권의 거두였던 김홍집은 시민들에게 맞아 사망한다.

고종이 러시아 공관에 머무르는 동안 러시아는 조선에서 절대적인 힘을 발휘했다. 친일파는 몰락하고 친러파가 세력을 떨쳤다. 고종은 무려 1년이 지난 1897년 2월이 되어서야 러시아 공관에서 나온다. 그 뒤 대한제국을 선포하고, 자주적인 권한을 내세울 수 있게 되었다며 광무개혁을 시작한다.

그렇지만 고종이 러시아의 손아귀에서 완전히 벗어난 것은 아닌 것 같다. 『이코노미스트』는 1898년 1월 8일 '일본의 정치적 재정적 상황(The Political and Financial Situation in Japan)'이란 제목의 기사에서 이렇게 말하고 있다.

> With regard to Korea, affairs there, as far as Japan is concerned, are still more unsatisfactory. Russia appears to be the dominant power, and is stealthily gaining absolute control. (1898년 1월 8일)
>
> 러시아는 조선에 대한 절대적인 영향력과 완전한 통제력을 갖고 있다. 일본은 조선과 관련해서 만족스럽지 못한 상태에 있다.

또 아관파천 이후 2년여가 흐른 뒤에는 다음과 같은 기사를 실었다.

> Korea, which the Russians are allowing them for the present to rule. They have no particular motive for hurry, for they have lost Korea for the present, and they under stand perfectly well that if they defeat the Japanese the resistance to be offered by Korea will not be insurmountable. (1899년 11월 18일)

러시아는 조선이 스스로 통치하는 것을 허락했다. 지금 러시아는 조선을 잃었다. 하지만 러시아는 일본을 패퇴시키기만 하면 조선의 저항은 크게 문제될 것이 없다는 것을 알고 있다.

그렇다면 조선은 어떻게 해서 아관파천을 끝내게 된 것일까? 러시아가 고종보고 나가라고 해서? 아니면 조선이 스스로 원해서?

고종의 환궁은 국내외적으로 빗발치는 비난 때문이었다. 왕이 왕다운 처신을 못하니 당연한 일이었다. 아마도 러시아는 마음만 먹으면 계속해서 고종을 공관에 머무르게 하면서, 조선에 대해 절대적인 영향력을 행사할 수 있었을 것이다. 최소한 『이코노미스트』가 보기에는 그랬던 것 같다. 그렇지 않으면 "러시아는 조선이 스스로 통치하는 것을 허락했다"는 식의 표현은 나오기 힘들다. 또한 러시아는 조선을 그리 두려워하지 않았다. 러시아에게 문제되는 것은 일본이었다. 1899년 『이코노미스트』가 보기에, 조선은 대한제국이 되긴 했지만 자주적으로 독립해나가긴 힘들고, 주변국들에 의해 운명이 휘둘리고 말 나라였다.

조선의 처지가 이토록 비참해진 것은 외교 전략상의 실책 때문이기도 했다. 조선은 1876년에 개항을 한다. 운요호 사건에 이은 강화도조약의 결과다. 일본이 들어와서 통상 요구를 했고, 외국과의 통상을 받아들이라는 청나라 북양대신 이홍장의 의견을 받아들여 개항을 했다. 이홍장은 조선이 해외 문물을 하루빨리 받아들여 발전을 이루라고 개항을 추천한 게 아니다. 이홍장의 추천 이유는 다음과 같은 것들이었다.

"유럽에는 벨기에, 스위스 같이 영토가 작은 나라들이 있다. 독일, 프랑스 같은 강대국 사이에 끼어 있는 작은 나라이지만 독립국으로 잘 살고 있다. 그 이유는 이들 나라가 주변 강대국들 사이의 세력 균형 속에서 중립을 선언하고 있기 때문이다. 주변 강대국들은 벨기에, 스위스가 어느 한 나라의 속국이 되는 것을 원하지 않는다. 그래서 이들은 작은 나라임에도 독립을 유지할 수 있다. 강대국들끼리 서로 견제하게 하는 것이 작은 국가들이 독립을 유지하는 방법이다. 그러니 조선도 개항을 해서 보다 많은 강대국들과 교류하는 것이 좋다."

그래서 조선은 일본에 개항을 한 이후 여러 서양 국가들과 수교를 한다. 어느 한 국가하고만 수교를 하면 그 나라에 종속될 수도 있다. 하지만 여러 나라와 수교를 하고, 그 나라들이 서로를 견제하게 하면, 조선은 열강들의 틈바구니 속에서도 독립국의 지위를 계속해서 유지해 나갈 수 있다.

틀린 말은 아니다. 제국주의 시대 때 아시아에서 끝까지 독립을 유지한 국가는 중국, 태국밖에 없다. 중국은 세계 여러 열강들의 각축장이 되었기 때문에 역설적으로 나라를 유지할 수 있었고, 태국은 프랑스와 영국 간 세력 균형의 장소로서 독립국으로 인정받았다. 어느 한 열강이 지배적인 위치를 차지한 국가는 모두 그 열강의 식민지가 됐다.

하지만 조선은 외국과 수교를 하고 개항을 했던 처음의 이유와 목적을 잃어버린 것 같다. 조선은 중립적인 외교를 하지 않았다. 항상 어느 한 나라의 편을 들었다.

청일전쟁이 발발하기 전, 조선에는 친청파가 득세했다. 청나라에 의존적이었고, 실제 청나라 위안스카이가 조선에 와서 주요 국정에 참여했다. 외국인이 보기에 조선은 청나라 속국처럼 행동했지, 중립을 요구하며 열강들과 등거리 외교를 하지 않았다.

청나라가 사라진 이후에는 친러파가 득세를 했다. 이때도 조선은 등거리 외교를 하지 않고 노골적으로 러시아 편을 들었다. 일본은 조선이 친러파 세상이 되는 것을 굉장히 두려워했다. 궁중에 쳐들어가 친러파의 지도자라 할 수 있는 민비를 시해하는 말도 안 되는 짓거리까지 할 정도로 두려움이 컸다.

조선은 민비가 시해된 후에는 또 완전한 친일정부가 된다. 그러다가 아관파천 후에는 다시 친러정부로 돌변한다. 이처럼 조선은 한 번도 제대로 된 등거리 외교를 하지 않았다. 중립적 지위를 요구하지도 않았다. 그때그때 가장 강하다고 생각되는 나라를 지지했을 뿐이다. 청나라가 강하다고 생각하면 청나라를, 일본이 강하다고 생각하면 일본을 지지했다. 그리고 삼국간섭 이후 러시아의 힘이 가장 세보이니까 러시아에 의존했다. 이것은 중립국으로서의 행위, 강대국 간 균형을 이루려는 중립적 외교가 아니다. 그냥 힘을 따라가는 행태일 뿐이다.

조선이 중립을 선포한 것은 청일전쟁, 러일전쟁이 시작되었을 때이다. 전쟁이 발발해서 이미 중립이 아무 의미가 없어진 상태에서 중립을 지킬 것을 선포했다. 당연히 그 중립은 인정받을 수 없다. 대한제국을 선포할 때도 중립국을 지향하기는 했다. 하지만 이때는 이미 조선이 일본과 러시아, 2개국의 각축장이 되고 난 이후이다. 일본은 청나라와 전쟁을 하면서 자신들은 전쟁도 불사할 정도로 조선에 관심이 있다는 것을 전 세계에 알렸다. 러시아는 일본만 패퇴시키면 조선이 자기들의 영향권에 들어온다고 봤다. 조선의 저항은 큰 문제가 아니다. 다른 열강들의 개입도 별로 없을 것이다. 러시아냐, 일본이냐. 1899년에 『이코노미스트』는 '중립국' 조선 앞에 놓인 운명을 두 갈래로 압축했다.

예고되는
러일전쟁

●

1899년 11월 18일, 『이코노미스트』에는 「극동 지역으로부터의 소문」이라는 기사가 실린다. 여기서 말하는 소문이란 일본과 러시아 사이의 전쟁에 관한 것이다. 유럽 사회는 이것을 단순한 소문으로 치부하지 않았다. 정말 전쟁이 임박한 것으로 생각하고 그에 대한 대비책을 강구하고자 했다. 그러나 『이코노미스트』는 지금 당장 러시아와 일본의 전쟁이 일어날 거라는 이야기는 루머에 불과하다고 분석하고 있다.

The distance between future probabilities of that kind and actual conflict is considerable. In the first place, the Japanese are not quite ready. They depend upon their fleet, and the best of the ships they have ordered will not be finished for another fifteen months, while it will take six to complete their contracts with continental firms, which if war broke out would, on a hint from Russia, become exceedingly slow.

On the other hand, the Russians have every interest in waiting. The railway which is to connect their European arsenals with Vladivostock cannot be ready for three years, if so soon, and it will take another year to gather all the materials for a great campaign. (1899년 11월 18일)

전쟁의 가능성과 실제 현실사이에는 아직 큰 간극이 있다. 우선, 일본은 아직 준비가 되어 있지 않다. 일본은 주로 함대에 의존하지만, 주문했던 최신예 전함은 15개월 후에나 들어올 예정이다. 유럽쪽 회사와 진행한 이 사업은 이미 6년째에 접어들었으며, 러시아측이 넌지시 암시하듯, 지금 전쟁이 일어난다면 이 사업 기간은 더욱 더 길어질 것이다.

다른 한편으로, 러시아는 가급적 전쟁 발발을 지연시키려고 한다. 유럽의 무기를 블라디보스토크로 옮겨줄 철도는 완공까지 3년은 남았고, 완성되더라도 제대로 된 수송을 시작하려면 1년의 기간이 더 필요할 것이다.

『이코노미스트』도 일본과 러시아의 전쟁이 임박했다는 현실 자체를 부정하지는 않았다. 단지 1899년의 시점에서 전쟁이 일어난다는 이야기는 호들갑에 불과하다는 걸 강조하고자 했던 것이다. 일본이 아직 전함을 건조 중이기 때문에 전쟁을 하지 않는다는 말은, 건조를 끝내면 즉시 전쟁에 돌입할 수 있다는 이야기이다. 러시아의 시베리아 철도도 마찬가지다. 철도가 완성되면 전쟁에 뛰어들 것이기 때문이다. 결국『이코노미스트』도 두 나라가 모든 준비를 마치는 몇 년 후 전쟁은 확실히 벌어지리라고 예측하고 있었다.

이런 예측이 가능한 건 동아시아에서 러시아와 일본의 이익이 아주 강렬하게 충돌하고 있었기 때문이다. 러시아는 아시아 지역에서 세력을 넓히려고 했다. 몽고 등의 아시아 내륙 지역이 목표가 아니었다. 러시아는 얼지 않는 항구, 즉 부동항이 필요했다.

이 당시 북쪽 지역에 위치한 러시아의 항구는 겨울에 모두 얼어버렸다. 외국과 통상을 할 때도 겨울에는 배가 뜨지 못한다. 외국과 전쟁을 하려고 할 때는 이런 약점이 더욱 치명적이었다.

예전에는 전쟁이 주로 국경 지역에서 벌어졌으니 배가 그리 중요하지 않았다. 그러나 제국주의 시대가 되면서 세계 각지에서 전쟁이 벌어졌다. 영국은 인도, 남아메리카, 중국 등에서 전쟁을 했고 미국도 필리핀 등에서 전쟁을 벌였다. 프랑스는 조선에 함대를 보내고 베트남에서도 전쟁을 했다. 제국주의 국가로서의 이익을 지키기 위해서는 전 세계 어디에서도 전쟁을 할 수 있는 능력이 있어야 한다. 그런데 러시아는 겨울에 바다가 얼어서 배를 띄울 수 없다. 전쟁을 하고 싶어도 군대를 보내는 것이 불가능해서 그러지 못했다.

카스피해에는 얼지 않는 항구가 있기는 하지만, 내륙 속에 갇힌 호수에 부동항이 있어 봐야 아무 의미가 없다. 흑해 지역에 부동항이 있기는 하지만 흑해에서 지중해로 나가기 위해서는 좁디좁은 보스포루스 해협을 통과해야 한다. 보스포루스 해협의 폭은 550미터밖에 되지 않는다. 적군이 작정하고 틀어막으면 러시아 함대는 넓은 바다에 나갈 수가 없다. 러시아가 마음대로 사용할 수 있는 항구

일본 장갑선의 대포. 삼국간섭 이후 일본은 러시아와의 전쟁을 준비하고 있었다. 일본은 러일전쟁 당시 도고 헤이하치로의 기함이었던 미카사를 영국에 발주했는데, 미카사는 당시 영국의 어느 전함보다도 우월한 성능을 자랑하는 최신예 전함이었다. 일본이 단기간에 강력한 해군을 만들 수 있었던 데는 영국의 지원이 가장 큰 역할을 했다.

는 스칸디나비아 반도 부근인데, 이 지역의 바다도 겨울에 언다. 결국 유럽 지역에는 실질적으로 쓸 수 있는 항구가 없다. 아시아 지역에는 블라디보스토크 항구가 있지만 이 항구도 1년에 무려 4개월 동안 항구가 언다. 유라시아 대륙의 곰으로 불리는 러시아는 겨울이 되면 진짜로 원치 않는 동면을 강요받았다.

당시는 지금보다 날씨가 더 추웠던 것 같다. 이때 겨울에 얼음이 어는 선은 한반도 원산항까지였다. 그래서 러시아가 부동항을 얻기 위해서는 원산 이하의 지역, 즉 한반도 남부를 차지해야 했다.

하지만 한반도는 일본이 오랫동안 공들여온 지역이다. 일본이

여순항의 모습. 선전포고에 앞서 일본군이 제물포와
여순항을 기습공격하며 러일전쟁이 발발했다.

조선을 개항시켰고, 그 이후 한반도를 차지하기 위해 온갖 짓을 다
하고 있었다. 1876년 조선이 개항하고 1899년까지 20년이 넘는 세
월 동안 몇 번이나 한반도에 군대를 출동시켰고, 청나라와는 전쟁까
지 했다. 러시아에 조선을 내주는 것은 지난날 3국 간섭으로 반환했
던 요동반도에 이어 또 한 번 개 앞에 죽을 쒀서 바치는 꼴이 된다.
더구나 러시아가 한반도 남부에 들어오면 바로 일본 코앞이다. 일본
자신의 안위도 위태로워질 수 있었다.

　『이코노미스트』는 러시아와 일본과의 관계를 이렇게 보고 있다.

That the interests of Russia and Japan in the Far East will ultimatcly bring the two empires into collision is, of course, highly probable, both of them desiring territory which each has ear-marked for its own … (1899년 11월 18일)

러시아와 일본의 이익이 극동 아시아 지역에서 충돌하고 있다. 이 이익관계의 충돌은 결국 두 제국을 분쟁으로 이끌 것이다.

우리는 이후 벌어진 이야기를 알고 있다. 1904년 러시아와 일본 사이에 전쟁이 발생했다. 그리고 그 결과는 우리나라에도 무시 못할 영향을 끼쳐버렸다. 하지만 러일 전쟁은 갑자기 발생한 전쟁은 아니다. 『이코노미스트』에서 보듯이, 이미 유럽에서는 1899년부터 러일간 전쟁을 이야기하고 있었다.

러시아의
만주 점령

●

지금 한국의 역사 교과서는
1900년부터 1904년 러일전쟁이 일어나기 전까지의 시기를 특별
히 다루지 않는다. 1902년 제1차 영일동맹이 이루어졌다는 것 정도
를 가장 큰 사건으로 이야기한다. 그런데 『이코노미스트』는 다르다.
1900년 말경부터 동아시아 지역의 정세를 굉장히 긴박한 것으로 파
악한다. 1901년 러시아는 만주를 점령한다. 『이코노미스트』는 이 사
건을 1870년부터 1910년까지 일어난 동아시아의 사건 중 가장 중
요하고 비중 있는 일로 다룬다. 어째서일까?

1900년 중국에서는 의화단의 난이 벌어졌다. 의화단이 반란을
일으켜 중국의 지배자인 서태후가 피난을 갔다. 그리고 열강 6개국
의 군대가 출동해서 의화단의 난을 진압했다.

사실 중국에서는 그동안 크고 작은 분쟁이 굉장히 많이 발생했
다. 이 사건도 그런 많은 분쟁 중 하나일 뿐이지 아주 특별한 사건은

아니었다. 그런데 『이코노미스트』는 이때 러시아에 대해 한 가지 의문을 세기한다.

> An empty Pekin would because of perplexity such as they have never had to face, and would probably greatly excite the ambition of Russia, the only Power which could stay for an indefinite time. She might, and probably would, abandon the effort to govern China through "influence" and pressure, and hold on to the two grand provinces of Manchuria and Pecheli as possessions, thus seating herself finally in a good position on the North Pacific. (1900년 7월 28일)

베이징이 비었고 권력 공백의 상태가 됐다. 이것은 러시아의 야망을 불러일으킬 수 있다. 다른 나라들과는 달리 러시아에는 중국에 군대를 계속 주둔시킬 동기가 있다. 러시아는 그동안 중국 정부에 영향을 미치고 압력을 행사하는 식으로만 행동했지만 이제 만주에 직접 눌러앉으려 할 수 있다.

실제로 러시아는 중국에서 군대를 철수하지 않았다. 의화단의 난이 끝났으니 군대는 돌아가야 했고, 다른 나라 군대들은 모두 회군했다. 하지만 러시아 군대는 돌아가지 않고 만주에 남았다.

러시아 군대가 만주에 남은 공식적인 이유는 이 지역의 철도를 보호하기 위함이었다. 러시아는 만주 지방에 이른바 동청 철도를 만들었다. 하얼빈에서 뤼순까지 만주를 종단하는 철도였다. 러시아는 삼국간섭 과정에서 중국으로부터 만주 지방의 철도 부설권을 얻었고, 그 권리에 따라 이 철도를 만들었다.

이 철도 개설에 러시아는 실로 엄청난 노력과 투자를 했다. 만주는 사람들의 손길이 거의 닿지 않는 지역이었다. 도시와 도시를 잇는 도로조차 아직 제대로 개발되지 않은 때다. 또 만주는 숲이 울창하다. 날씨도 춥다. 이런 지역에 철도를 놓는다는 건 악전고투의 연속일 수밖에 없었다. 세계 어느 지역에 철도를 놓는다 한들 이보다 더 비용이 많이 들고 힘이 드는 작업은 없을 것이다. 들인 비용이 다른 지역의 철도 건설비보다 1킬로미터당 3배나 더 들었다. 더구나 만주 철도의 길이는 2,000킬로미터도 훌쩍 넘었다. 1900년대 초반 무렵에 건설된 전 세계의 철도 중 가장 긴 철도다.

이 정도 비용을 들여서 철도를 만들면 수지 타산이 맞지 않는다. 화물과 손님의 철도 요금 수익으로는 비용을 감당할 수 없다. 그러나 러시아는 돈을 벌기 위해서 만주 지역에 철도를 만든 것이 아니다. 만주 지역에 이해관계를 만들기 위해, 만주 지역에 진출하려는 야심을 충족시키기 위해 어렵게 철도를 놓았다.

러시아는 철도 관리에도 힘썼다. 당시 비적들의 주요 표적이 철도였기 때문이다. 철도를 망가뜨리면 기차는 그 자리에 설 수밖에 없다. 기차 안에는 화물이 많이 들어 있고, 돈 많은 사람들도 타고 있다. 비적들이 철도 주변에서 창궐하는 이유다. 또 테러 단체들도 철도를 표적으로 했다. 그 당시 철도를 망가뜨리는 것만큼 확실하게 피해를 주는 방법도 드물었다. 그래서 병사들이 철도 주변을 감시하고 관리해야 했다. 러시아는 자기가 만든 만주 철도를 보호하기 위해서 병사들을 주둔시켰다.

철도 보호를 위해 군대가 진주한 정도라면 크게 문제되지 않을 수 있다. 대사관 보호, 철도 보호, 자기 나라 재산 보호 등의 이유로 약간의 병력이 외국에 진주하는 것은 흔히 있는 일이다. 하지만 러시아군의 만주 진주는 단지 거기에서 끝나지 않았다. 그들은 만주 지역에서 자기 나라의 특별한 지위를 주장했다.

만주는 중국의 일부다. 그러니 외국 국가가 중국과 조약을 맺으면 그 조약은 만주에도 당연히 적용되어야 한다. 하지만 러시아는 중국과의 조약이 만주 땅에서는 적용되지 않는다고 말했다. 만주는 특수 지역이고 러시아가 이권을 가지고 있다. 따라서 중국과의 약속은 만주 지역에서는 적용되지 않는다는 논리였다. '다른 나라는 러시아의 허락 없이 만주 지역에 들어올 수 없고, 그렇다고 중국 정부가 지배권을 행사할 수 있는 것도 아니다.' 러시아는 그렇게 주장했다. 그러고는 만주에 대해 실질적인 지배권을 행사하기 시작했다. 그렇게 러시아는 만주의 주인이 됐다.

그러나 러시아는 공식적으로 만주 지역에 대해 아무런 권리를 갖지 않았다. 중국과 협약을 맺어 만주 지역을 러시아 땅으로 삼겠다고 한 적은 없다. 만주 지역을 러시아의 조계지로 한다고 협약을 맺지도 않았다. 정식으로 만주 지역에서 지배 권한을 행사한다고 협정서를 만든 일도 없다. 공식적으로 러시아는 만주에 아무런 권한이 없었다. 하지만 실질적으로 러시아는 만주를 점령하고 절대적 권한을 휘둘렀다.

러시아가 만주 지역에 대한 공식적인 권한을 갖지 않았다는 것은 나중에 일본에 큰 영향을 미치게 된다. 일본은 러일전쟁에서 승리하면서 아시아 지역에서의 러시아 권리를 빼앗아온다. 만주 지역의 철도는 공식적으로 러시아가 관리했다. 이 러시아의 만주 철도를 일본이 가져온다. 그런데 그 이외에는 아무것도 일본의 권리가 인정 되지 않았다. 만약 만주가 러시아의 영토였다면, 일본의 영토로 삼 을 수 있었을 것이다. 영토는 아니더라도 러시아가 정식으로 지배권 을 갖고 있었다면, 러일전쟁의 승리 이후 일본이 만주의 새로운 지 배자가 될 수 있었을 것이다. 하지만 러시아는 공식적으로는 아무런 권리가 없었다.

결국 일본은 러시아를 몰아냈지만, 만주에 대한 지배권은 얻지 못하고 중국 군벌이 이곳을 차지했다. 일본이 만주에 대한 지배권을 갖게 되는 것은 1930년대 이후다. 만약 이때 러시아가 만주에 대한 공식적인 지위를 가지고 있었다면, 1905년부터 만주는 일본의 차지 가 되었을 것이다.

근대의 여러 해 동안 동아시아 지역에서는 청나라와 일본이 주 된 세력이었다. 러시아는 이 지역에 욕심을 내고 진출하려 했지만, 대련 등의 항구를 조차하는 수준이었지, 동아시아 지역에서 큰 세력 으로 부각되지는 않았다. 하지만 1900년대 초반, 드디어 러시아가 만주를 차지했다. 프랑스 국토만 한 땅, 조선이나 일본보다 훨씬 더 큰 땅이 러시아 소유가 되었다. 이제 동아시아의 가장 큰 세력은 러 시아라고 할 수 있었다. 러시아의 만주 점령은 동아시아 정치 지형 을 완전히 바꾸어놓았다. 일본도 그렇지만 전 세계를 무대로 러시아 의 확장을 저지해온 영국도 긴장감 속에서 사태의 추이를 주시하기 시작했다. 러시아의 만주 점령은 동아시아의 정세와 역사를 뿌리로 부터 뒤흔든 엄청난 사건이었다.

영일
동맹

만약 지금 이 시대에 미국과 중국이 전쟁을 하면 어느 나라가 이길까? 현재는 미국이 앞서지만 중국의 경제규모가 커지고 군사비 지출도 더 많아지면 중국이 미국을 꺾을 수 있지 않을까?

그런데 아마 그런 일은 일어나지 않을 것이다. 중국의 군사력 자체가 미국을 넘더라도 쉽지 않은 일이다. 미국의 진짜 힘은 자체의 경제력과 군사력에서만 나오는 게 아니다. 미국의 진정한 힘은 동맹국에서 나온다. 미국은 전 세계에서 44개국과 동맹 관계를 맺고 있다. 한국도 미국과 동맹 관계이고 일본도 그렇다. 유럽 NATO 국가들과 호주 등과도 동맹을 맺었다. 하지만 중국의 동맹국은 1개국 뿐이다. 중국이 쉽게 넘을 수 없는 격차가 있는 것이다.

국제 관계에서의 동맹이란 서로 사이좋게 지내자고 맺는 것이 아니다. 만약 가맹국이 전쟁을 하게 되면 같은 편으로 함께 싸우겠다는 약속을 맺는 협정이다. 지금 세계의 많은 나라들은 다른 나라와 경제적 협약은 맺어도 동맹 관계 협약은 잘 맺지 않는다. 다른 나라가 전쟁을 할 때 같이 싸우겠다는 약속은 함부로 할 수 있는 것이 아니기 때문이다.

그래서 중국과 미국의 전쟁이 벌어지면 1:1 전쟁이 되지 않는다. 미국과 동맹 관계에 있는 전 세계 국가들이 전쟁에 참여하게 된다. 설사 중국이 미국보다 우월한 전력을 가지고 있다고 해도 전 세계를 대상으로는 이길 수 없다. 그렇듯 미국의 진정한 힘은 세계 각국과 맺고 있는 동맹 관계에서 나온다.

1902년, 영국과 일본은 동맹 관계를 맺는다. 이른바 영일동맹이다. 『이코노미스트』는 영일동맹에 대해 이렇게 말한다.

> There are considerable advantages in that alliance, but the price to be paid for them is very heavy. (1902년 2월 15일)
>
> 영일동맹은 영국과 일본에 큰 이익을 줄 수 있다. 그러나 그 대가도 굉장히 크다.

영일동맹 역시 그 성격상, 네가 전쟁을 하면 나도 그 전쟁에 같이 참여하겠다는 약속이다. 일본과 러시아와의 전쟁 이야기가 많이 돌고 있는 시기에, 영국은 러시아와의 전쟁을 각오하고 이 영일동맹을 맺었다. 러시아의 확장을 막으려는 영국의 세계 전략에서 일본이 동아시아에서의 중요한 파트너로 낙점 받은 셈이다. 일본으로서도

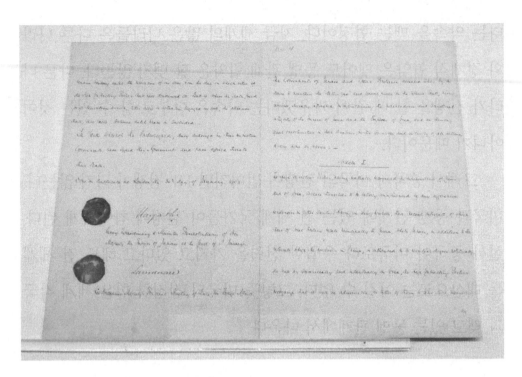

1902년 1월 30일에 체결된 영일동맹 문서. 일본 외무성 외교 사료관. 영일동맹과 한일의정서 채택으로 일본은 만전의 상태에서 러일전쟁에 임하게 된다.

천군만마의 원군을 얻은 셈이다. 이 당시 영국은 세계 최강대국으로 인정받았다. 그런 강대국으로부터 일본이 물심양면의 지원을 얻어 낼 수 있게 된 것이다.

다시 말하지만 동맹은 전쟁이라는 값비싼 대가를 전제로 맺는 관계이다. 그러나 아무리 동맹 관계라 해도 모든 전쟁에 참여할 수는 없다. 그래서 조건들이 붙는다. 영일 양국의 동맹에서도 여러 가지 부대조건이 붙었다.

우선 영일동맹은 전 세계 모든 지역에서 효력이 발생하진 않는다는 조건이 붙었다. 영국이 아프리카나 중동에서 전쟁을 할 수도 있다. 하지만 이런 경우는 영일동맹이 적용되지 않는다. 일본이 아프리카나 중동에 군대를 파견해서 영국과 같이 전쟁을 해야 할 의무는 없다. 오로지 동아시아 지역, 중국과 조선 문제와 관련해서 전쟁이 벌어졌을 때만 두 나라는 함께 싸운다. 그런데 이 당시 일본은 중국을 꺾고 러시아와의 일전을 기다리고 있었을 때다. 전쟁은 일본과 러시아 사이에서 일어난다. 결국 영일동맹은 오직 러시아를 목표로 체결된 것이다.

또 다른 조건은 영국과 일본이 두 나라 이상과 싸울 때만 의무적으로 전쟁에 참여하도록 했다는 것이다. 영국이 프랑스와 싸운다면 일본은 참여하지 않아도 된다. 하지만 영국이 프랑스와 독일, 두 나라와 싸운다면 당연히 참전해야 한다. 반대의 경우도 마찬가지다. 일본이 러시아 한 나라하고만 싸운다면 영국은 전쟁에 참여할 의무가 없다. 그러나 프랑스가 참전해서 러시아, 프랑스 대 일본의 구도가 되면 영국은 반드시 참전해야 한다.

1904년 러일전쟁이 발발했을 때, 이 전쟁이 러시아와 일본 간의 대결로만 좁혀진 까닭은 이 때문이다. 1853년 크림전쟁에서는 영국, 프랑스, 오스만 제국, 사르데냐 왕국 대 러시아가 집단으로 전쟁을 했다. 1914년 제1차 세계대전도 영국, 프랑스, 러시아, 이탈리아 동맹과 독일, 오스트리아-헝가리, 오스만 제국, 불가리아 동맹이 집단 간 전쟁을 벌였다. 청일전쟁은 청나라와 일본 간 전쟁이었지만 결국 러시아, 독일, 프랑스가 개입했다. 이처럼 열강 사이의 전쟁은 집단 간 전쟁이라는 특징을 보였다. 그런데 특이하게도 러일전쟁은 1:1 전쟁이었다. 프랑스, 독일은 러시아 편이었지만 일본과의 싸움에 뛰어들 수 없었다. 프랑스나 독일이 참전하는 순간 영국도 참전한다. 프랑스와 독일은 영국과 전쟁할 각오를 하지 않는 이상 러시아를 도와줄 수 없었다.

그러니 이것은 영국에게 매우 유리한 조항이다. 영국은 자신이 직접 전쟁에 참여하는 것은 원하지 않았다. 하지만 전쟁에 참여하지 않으면서도 그와 똑같은 효과를 얻었다. 이 조항으로 러일전쟁에 프랑스, 독일이 참전하지 못하고 영국도 참전하지 않았다. 실질적으로 영국이 프랑스, 독일군을 대적한 셈이고, 일본이 러시아와의 일전에만 온힘을 쏟을 수 있도록 지원한 것이다. 영국으로서는 직접 싸우지 않고도 적을 거꾸러뜨린 셈이다.

마지막으로 영일동맹의 기간에도 제한을 두었다. 동맹 관계는 상당히 부담되는 관계이다. 오래 지속되면 곤란하다. 그래서 영일동맹은 5년 기한으로 맺도록 했다. 5년 후 영일동맹은 다시 연장이 되었고, 1923년 기한 만료로 폐기된다. 동아시아 지역에서 러시아의 위협이 완전히 사라지자 영국은 바로 동맹 관계를 청산했다.

영국과 일본 입장에서 영일동맹은 신의 한 수였다. 영국은 일본이라는 도구를 활용하여 러시아의 남하 저지라는 세계 전략을 구현했다. 또한 일본은 영국이라는 배경을 이용하여 대륙 진출의 교두보 확보라는 숙원을 풀었다. 영일동맹은 러일전쟁과 그 승패, 새로운 동아시아 권력 지도의 밑그림을 그린 핵심 사건이었다.

러일전쟁을 둘러싼 막후 관계

일본은 러일전쟁이 러시아의 남하 정책 때문에 발생한 것이라 주장한다. 러시아는 시베리아, 만주에 만족하지 않고 한반도, 나아가 일본에까지 침략의 손길을 뻗쳤다. 조선을 차지한 건 아니지만 러시아의 기세는 한반도를 뒤덮고도 남았다. 만약 조선이 러시아의 손에 떨어지면, 다음은 일본 차례가 될 것이다. 그래서 일본은 러시아와 싸우기로 했다. 한반도에 러시아가 본격적으로 들어서기 전에 미리 대비하는 것이다.

하지만 러시아는 일본이 괜히 지레짐작한 것뿐이라고 여겼다. 러시아의 자료들을 봐도 일본과의 전쟁을 준비하는 모습이 보이지 않는다. 일본과의 전쟁을 상정하고 미리 계획한 것도 없다. 많은 시간이 지난 오늘날에는 당시 러시아의 비밀문서까지 모두 공개되었는데, 그 안에도 러시아가 일본과의 전쟁을 준비했다는 흔적은 나타나지 않는다. 러시아는 일본과 전쟁까지 할 생각이 없었다. 일본이 자기 혼자 생각으로 러시아가 쳐들어올 것이라고 예상했고, 그 결과 전쟁까지 일으킨 것이다.

두 나라의 입장은 이렇다고 해도, 러시아와 일본의 충돌은 사실상 예고된 것이었다. 러시아는 한반도를 차지해야 할 현실적인 이유가 있었다. 얼지 않는 부동항을 얻어야 한다는 것도 중요한 이유였다. 하지만 이 당시에는 그보다 더 중요한 문제가 있었다. 중국 요동 반도에 있는 여순 함대와 연해주에 있는 블라디보스토크 함대를 분리시킬 수 없다는 군사상 문제였다.

러시아는 시베리아 개발을 하면서 블라디보스토크를 건설했다. 여기에 극동 함대인 블라디보스토크함대를 두었다. 그리고 러시아는 1898년 중국으로부터 여순 항구를 조차한다. 여기에도 요새를 만들고 여순함대를 배치한다. 여순은 요동 지역에서 러시아의 주요 본거지가 되었다. 블라디보스토크함대와 여순함대가 합쳐지면 막대한 전력을 자랑할 수 있다. 아시아 최대의 강력한 함대가 된다. 블라디보스토크, 여순함대 각각은 일본 함대를 능가하지 못했다. 그래서 블라디보스토크함대와 여순함대를 연결하는 것이 러시아 군사 전략의 핵심 과제였다.

문제는 블라디보스토크와 여순이 서로 잘 연계되지 않는다는 점이다. 블라디보스토크와 여순을 연결해 작전을 펼치려면 한반도 남부의 대한해협을 자유롭게 이용할 수 있어야 했다. 대한해협은 굉장히 좁다. 만약 이 해협에서 일본 함대나 영국 함대가 길을 막으면 블라디보스토크함대와 여순함대의 합류는 불가능해진다. 이것이 대한해협 어딘가에 러시아 함대의 본거지를 반드시 마련해야 할 이유였다.

그래서 러시아는 1899년 조선으로부터 마산포를 조차하고자 했다. 1898년 여순함대 배치 이전에 러시아가 한반도에서 원한 것은 단지 부동항이었다. 하지만 여순함대의 요동 배치 이후에는 사정이 달라졌다. 아시아에서 러시아의 전략을 완성하기 위해 반드시 한반도 남부의 항구가 필요했다. 하지만 일본의 적극적인 반대로 마산포

조차에 실패하자, 그 다음에는 진해를 빌려서 해군 기지를 만들려 했다. 러시아가 한반도 남부에 해군 기지를 갖는다는 것은 블라디보스토크 – 한반도 남부 – 요동을 연결하는 막강한 해상 세력권이 완성된다는 것을 의미한다. 동아시아의 최대 군사력으로 패권을 차지할 나라가 러시아가 된다는 것이었다.

이는 영국이나 일본 입장에서 절대 받아들일 수 없었다. 일본의 입장에서 대한해협이 러시아의 관할 하에 들어간다는 것은 일본의 해외 진출이 더는 불가능해진다는 것을 의미한다. 특히 국운을 걸고 있는 한반도 진출이 좌절된다. 또 한반도가 러시아의 땅이 되면 그 다음에는 일본을 지킬 수 없게 된다. 머지않아 일본도 러시아의 세력권으로 빨려 들어갈 수밖에 없다. 러시아의 마산포, 진해 획득을 목숨을 걸고 저지해야 할 이유가 여기에 있었다.

영국도 마찬가지이다. 영국은 이 당시 전 세계에서 러시아의 세력 증대를 막으려고 노력하고 있었다. 터키 부근에서 러시아의 남하를 막고, 중동 지역에서도 막았다. 만주 지역이 러시아에 넘어가게 한 것은 영국의 실수였다. 영국이 동아시아에 조금 더 관심을 가지고 전략적으로 행동했다면 충분히 막을 수 있었을 것이다. 이제 와서는 어쩔 수 없지만 그 이상 러시아가 남진하는 것은 막아야 했다. 러시아가 동아시아 지역의 패권을 차지하게 되면 아시아 전체에서 영국의 이익은 심각한 상황에 놓이게 된다. 일본과 영국은 동아시아에서 러시아 해군 전략이 완성되는 것을 막기 위해 서로의 손을 굳게 잡아야 했다.

그럼 여기서 눈을 돌려 조선의 상황을 살펴보자. 조선은 러시아의 야욕에 대해 어떤 생각을 가지고 있었을까? 1900년 6월, 조선은 러시아의 태평양 함대가 마산포에 머무를 수 있는 협정을 체결했다. 일본, 영국의 반대로 무산되기는 했지만, 이 일은 조선이 러시아에 대해 큰 경계심을 갖지 않았음을 보여준다.

조선은 아마 만주에서 일어난 상황을 주요하게 참고했을 것이다. 러시아는 만주를 세력권으로 두었지만 공식적으로 이 지역에 대한 지배권을 가진 적은 없었다. 어디까지나 만주를 중국 땅으로 두고, 실질적으로만 권한을 행사했다.

조선은 한반도에서도 비슷한 상황이 벌어지길 기대했을 것이다. 러시아가 한반도 남부에 해군 기지를 두면 조선은 그들의 영향권 아래로 들어간다. 그러나 그들은 만주에서처럼 조선의 명맥을 유지하면서 실질적인 지배권만 행사할지도 모른다. 어차피 조선은 청나라, 일본의 간섭 등으로 바람 잘 날 없는 나라였다. 조선이 형식적이나마 독립이 유지되고 나름의 자주권까지 인정된다면 그보다 좋은 일은 없을 것이다. 조선 측으로서는 그 정도면 충분하다고 생각했던 것 같다.

러일전쟁이 아니었다면 아마 러시아가 조선을 차지했을 것이다. 이것은 그 당시 『이코노미스트』, 그리고 서구 열강에서 일반적으로 예측하는 사실이었다. 이렇게 될 경우 조선은 러시아의 위성국가가 될 수는 있겠지만 나라가 사라지지는 않았을 것이다. 하지만 영국과 일본 입장에서는 조선이 위성국이 되든, 식민지가 되든 아무런 차이가 없었다. 러시아의 세력권으로 포섭되는 것 자체가 문제였다. 러시아의 남하 저지라는 전략적 이해를 공유하는 이들은 결국 전쟁이라는 값비싼 대가를 감수하기로 결정한다.

제6장
한일 합방

"조선은 차라리 외국으로부터 현대적 행정 시스템의 도움을 받는 것이
조선 국민들의 이익에 도움이 될 것이다."

대부분의 서양인들은 일본의 조선 지배를 긍정적으로 평가했다. 일본이 조선을 완전히 지배하면 조선의 왕은 권력을 남용해서 국민들을 착취하지 못하게 된다. 조선의 양반들도 더 이상 행패를 부리지 못하게 될 것이다. 조선이라는 국가는 없어지지만, 조선 국민들은 일본의 지배 하에서 정치적 자유와 현대 행정 시스템을 경험하면서 보다 더 잘 살 수 있게 될 것으로 보았다. 『이코노미스트』도 그런 시각에서 일본이 한국을 지배하는 것을 긍정적으로 평가했다. 물론 이후의 상황은 『이코노미스트』의 예상대로 흐르지 않았다. 『이코노미스트』가 이상적으로 생각한 '더 이상 착취당하지 않고 정치적 자유를 누리는 조선인'은 조선 왕정 치하에서도, 일본 치하에서도 실현될 수 없었다.

일본의 조선 지배에 대한
『이코노미스트』의 시각

1910년 조선은 일본에 병합된다. 4,000년 넘게 자주국의 위치를 지켜온 조선이 멸망하고 일본의 식민지가 되었다. 한국사에서 일본의 조선 병합은 더할 나위 없는 비극이고 모욕이었다. 그동안 한반도가 다른 나라와의 전쟁에서 진 적은 많다. 다른 나라의 영향 아래에 들어간 적도 있다. 고려는 몽고족 원나라에 항복하고 사위국이 되어 실질적으로 원나라의 속국이 됐다. 그 이후에도 조선은 명나라의 속국이 되었고, 또 청나라 황제 앞에 무릎을 꿇고 청나라의 속국이 되기로 맹세하기도 했다.

하지만 아무리 속국이 됐다고 해도 독립국으로서의 자주성을 잃은 것은 아니었다. 원나라, 명나라, 청나라에게 한반도는 특수한 지역이었다. 황제가 직접 한반도를 지배하지는 못했다. 한반도엔 어디까지나 자주성이 있었고, 겉으로의 명분이 어찌되었든 독립국으로 운영됐다.

그런데 한일병합은 아니었다. 일본인이 조선에 들어와 실제로 지배를 했다. 조선의 지도자는 없어지고, 일본인이 한민족의 지배자로 나선다. 한반도 역사에서 외국의 직접적인 지배를 받은 것은 한일병합 이후가 처음이었다.

이 당시 서양은 일본의 한국 지배를 어떻게 봤을까? 오랫동안 국가를 유지해온 조선이 일본에 먹히고 지배받는 것을 안타깝게 생각했을까, 아니면 드디어 조선이라는 대륙 진출의 발판을 마련한 일본에 경탄하며 칭찬했을까?

『이코노미스트』는 조선이 망하는 것을 안타깝게 생각하지 않았다. 그렇다고 일본의 조선 지배를 좋은 일이라고 생각하지도 않았다. 물론 도덕적인 면에서 그렇게 얘기한 게 아니었다. 이 당시 영국은 해외 식민지를 늘리는 것이 결코 좋은 일만은 아니라는 것을 알게 되었을 때다. 해외 식민지는 이익이 되기도 하지만, 그 이익을 모두 상쇄할 만큼 큰 부담이고 짐이 된다는 것을 느끼고 있을 때였다. 이미 충분히 해외 식민지를 운영해본 영국 입장에서, 일본이 새로운 식민지를 갖게 된 것은 축하할 일만은 아니었던 것이다.

단, 일본이 조선을 지배하는 게 조선의 보통 사람들한테는 좋은 일이 될 것이라고 보았다. 일본의 조선 지배로 조선인들이 보다 좋은 삶을 누릴 기회를 얻었다고 본 것이다.

When Japan took over the Government, Korean affairs and Korean finance were in a hopeless state of confusion. The monetary system was such that honest trading was impossible ; and the Government seems to have been both feeble and corrupt. In fact, a Korean had no stimulus to exertion ; for if he became rich his wealth was confiscated in forced "benevolences" to the Court.

It may fairly be contended that a period of tutelage, during which sound finance and a modern system of administration are being introduced, will ultimately prove to the advantage of the people themselves, and will enable them to gain a political liberty which they never before enjoyed. (1909년 10월 30일)

조선의 국정은 희망이 없는 혼란 상태이다. 정부는 부패했고, 국민들은 노력을 하고자 하는 자극이 전혀 없다. 조선의 화폐 시스템에서는 정직한 거래가 불가능하다. 또 국민이 부자가 되면 그 재산은 모두 기부라는 형식으로 강제적으로 국가에 몰수된다. 조선은 차라리 외국으로부터 현대적 행정 시스템의 도움을 받는 것이 조선 국민들의 이익에 도움이 될 것이다. 또 이것이 조선인이 한 번도 경험해보지 못한 정치적 자유를 얻을 수 있는 길이 될 것이다.

일본의 통치에 대해서는 『이코노미스트』만이 아니라 많은 외국인들이 긍정적으로 평가했다. 당시 외국인들이 쓴 책과 칼럼을 봐도 일본의 조선 통치를 부정적으로 보는 경우는 거의 없다. 일본이 조선에 많은 관심을 보이고 있고, 또 조선을 근대화시켰다고 간주했다. 또한 조선의 재산을 일본으로 수탈해 가져간 것이 아니라, 일본의 돈을 조선에 가져와 투자했다고 평가했다. 일본의 노력으로 조선은 훨씬 더 나아졌으며, 그동안 조선에서 찾아보기 힘들었던 근대 의료 시설, 근대 학교도 설립된 점을 얘기했다. 외국인들의 책에서는 일본의 조선 통치가 굉장히 긍정적인 결과를 만들어내고 있다고 서술돼 있다.

이런 인식은 일본의 부단한 선전 덕분이기도 했다. 일본은 서구 열강들로부터 인정을 받고 동등한 지위를 얻는 것에 많은 신경을 썼다. 열강들에게 인정을 받는 것이 국가 목표로 보일 정도였다. 일본은 자기들이 조선에서 이렇게 잘하고 있다는 것을 계속 홍보하고 광고했다. 자신들의 치적에 관한 자료를 영어, 프랑스어 등 서양 열강의 언어로 만들어서 널리 소개했다.

하지만 서양인들이 일본의 모든 것을 긍정적으로 본 것은 아니다. 특히 일본, 조선, 중국 등에 거주하던 서양인들은 일본의 홍보에 쉽게 현혹되지 않았다. 청일전쟁, 러일전쟁 때 일본군이 민간인을 잔인하게 학살한 것부터 시작해서, 조선에서 활동하는 일본인의 야만성을 인지하고 있었기 때문이다. 일본인 모두가 야만적이라고 할 수는 없다. 하지만 이때 조선에 와서 활동하는 일본인은 문제가 있는 사람들이 많았다. 일본 사회의 최하층, 문제 계층들이 한몫 챙기길 바라며 조선에 왔다. 일본에서 엘리트라고 할 만한 사람들은 서양 국가와 연계되려고 했지, 조선은 주요 관심 사항이 아니었다. 조선에 온 일본인들은 일본인 중에서 가장 질 나쁜 사람들이었다. 그 사람들이 조선에 와서 활동을 했으니 일본인들의 행태가 좋을 수가 없다. 그런 일본인들을 비난하는 서양인들도 많았다.

그래도 대부분의 서양인들은 일본의 조선 지배를 긍정적으로 평가했다. 일본이 조선을 완전히 지배하면 조선의 왕은 권력을 남용해서 국민들을 착취하지 못하게 된다. 조선의 양반들도 더 이상 행패를 부리지 못하게 될 것이다. 조선이라는 국가는 없어지지만, 조선 국민들은 일본의 지배 하에서 정치적 자유와 현대 행정 시스템을 경험하면서 보다 더 잘 살 수 있게 될 것으로 보았다. 『이코노미스트』도 그런 시각에서 일본이 한국을 지배하는 것을 긍정적으로 평가했다.

물론 이후의 상황은 『이코노미스트』의 예상대로 흐르지 않았다. 1900년대 초반 일본은 민주주의가 진척되고 법치주의가 정착되어 가는 중이었다. 일본이 자기 나라를 통치하는 것과 똑같이 조선을 다스렸다면, 조선 국민들의 삶은 획기적으로 나아졌을지도 모른다. 하지만 일본은 정치적 자유를 갖춘 근대 행정 체제로 조선을 다스리지 않고 군사적 통치 체제를 도입했다. 조선통치령을 만들어 한국을 억압한 것이다. 헌병, 군인을 통해서 지배하는 이른바 헌병 정치, 계엄령 상태에서의 무단 통치였다.

일본의 군사적 지배가 멈추게 된 계기는 1919년 3·1운동 이후였다. 사실 3·1운동이 발생하게 된 가장 큰 이유가 바로 일본의 무단통치다. 이 통치 방식은 제국주의 국가 내에서도 유례를 찾아보기 힘들 정도로 폭압적이고 잔인무도했다. 일본 내에서조차 거센 비난을 받을 정도였다. 3·1운동으로 이런 일본의 잔인한 통치 방식이 세계에 알려지고, 자국 내의 비판까지 고조되면서 군사적 통치는 종말을 고한다. 하지만 군사적 통치가 멈추었다고 해서 한국에 정치적 자유가 보장되지는 않았다. 그 이후는 우리가 익히 알고 있는 문화 통치와 민족말살정책이라는 단어가 등장하는 시대다.

1920년대 이후 일본은 점차 군국주의가 되어 간다. 민주주의, 법

광화문 기념비전 앞에 모인 군중들이 3.1운동 시위대
에 호응하고 있다. 기념비전은 고종의 즉위 40년을
경축하는 기념비를 보호하기 위한 건물로, 현 교보빌
딩 앞 사거리에 위치하고 있다.

치주의가 쇠퇴하고 군부가 실권을 갖는 시대가 된 것이다. 일본 전체가 병영국가로 변모하면서 한국도 직격탄을 맞았다. 결국 한반도는 일본에 병합된 이후 단 한 번도 정치적 자유를 누리지 못했다.

이 같은 현실을 예측했다면 『이코노미스트』의 평가는 어떻게 달라졌을까? 아마도 마냥 긍정적이지만은 못했을 것이다. 『이코노미스트』가 이상적으로 생각한 '더 이상 착취당하지 않고 정치적 자유를 누리는 조선인'은 조선 왕정 치하에서도, 일본 치하에서도 실현될 수 없었다.

이토 히로부미의
암살

이토 히로부미 암살에 대한 『이 코노미스트』의 기사는 이렇게 시작한다.

An odious crime was committed at the Harbin Rail way Station on Tuesday morning, where Prince Ito was mortally wounded by a Korean. The murderer was immediately seized, along with two or three of his accomplices, who confessed that the crime was a premeditated one, originating in a determination to avenge their country for the destruction of its in dependence by Japan. (1909년 10월 30일)

화요일 오전, 끔찍한 범죄가 하얼빈 역에서 발생했다. 이토 히로부미가 한 한국인에 의해서 치명적인 부상을 당했다. 암살

안중근 의사와 동지들이 소지했던 권총. 맨 위에 있는 것이 안중근 의사가 이토를 저격할 때 사용한 FN M1900이다.

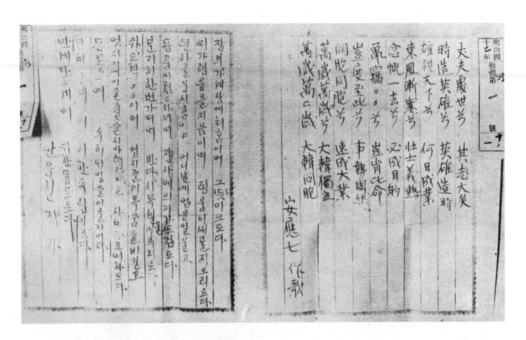

의거를 거행하기 전 안중근은 〈장부가〉를 한글과 한문으로 작시하여 우덕순에게 주었다. 의거의 성공을 기원하고 독립을 염원하는 내용으로, 여섯째 줄의 "쥐도적 이토" 부분은 ○○로 복자 처리되어 있다.

범은 2, 3명의 동료와 함께 즉시 체포됐다. 그는 이 범죄가 사전에 계획된 것이고, 일본에 의해 자기 국가의 독립이 파괴된 것에 대한 복수에서 비롯된 것이라고 자백했다.

그 다음에 『이코노미스트』는 암살에 의해서 바뀌는 것은 없다는 점과 이토 히로부미의 삶과 업적을 상당히 길게 이야기한다. 이때 이토 히로부미는 일본을 넘어 세계적으로 인정받던 정치가였다. 이 당시 아시아에서 세계에 인정받았던 정치가는 청나라의 이홍장과 일본의 이토 히로부미가 유일하다. 『이코노미스트』는 그런 세계적인 정치가를 잃은 것을 애도했다.

하지만 『이코노미스트』는 한국인이 그를 죽인 것이 부당하다거나 안중근의 범죄가 나쁜 것이라고까지 하지는 않았다. 이토 히로부미는 러일전쟁 이후에 조선이 일본의 보호령이 되는 데 큰 역할을 했다. 이토 히로부미는 조선의 왕을 설득했고, 조선의 각료들이 을사보호조약을 인정하도록 했다. 이렇게 이토 히로부미가 일본의 조선 침략에서 큰 역할을 했고, 그래서 조선 사람들이 그를 싫어하는 것은 충분히 인정될 수 있다고 보았다.

> Ito went to Korea and contrived to persuade the Emperor of Korea, and his Ministers to surrender by treaty the control of foreign affairs to Japan, and to place the executive government in his own hands, as a sort of Japanese Resident-General at Seoul. These transactions sufficiently explain the resentment of Korean patriots, and the assassination is the third attempt made by Koreans upon the life of this eminent statesman and administrator.
>
> 을사보호조약에서의 이토 히로부미 역할은 한국 애국자들의 분개를 충분히 설명할 수 있다. 한국인들은 그동안 이토 히로부미를 암살하려 계속 시도했다. 이번은 3번째 시도였다.

역사적 인물에 대한 평가에서, 세계인의 시각과 한국인의 시각이 다른 게 몇 개 있다. 주로 일본인에 대한 평가이다. 한국에서는 가장 대표적인 원망의 대상이라 할 수 있는 일본인이 두 명 있다. 도요토미 히데요시와 이토 히로부미가 그들이다. 도요토미 히데요시는 임진왜란을 일으켰다. 당시 조선은 정말이지 일본에 어떤 해로운 일도 하지 않았다. 일본과 아무 관계도, 상관도 없이 지내고 있었다. 그런데도 일본은 조선을 침략했다. 조선이 싫어서 침략한 것도 아니다. 명나라를 공격하겠다는 이유로, 그 중간에 있는 조선을 유린했으며 7년 동안 전쟁을 하고 조선에 치명적인 위해를 가했다.

그런데 그 도요토미 히데요시가 일본에서는 유명하고 인기 있는 정치가로 평가받는다. 조선을 침략했기 때문에 인기가 있는 게 아니다. 오히려 임진왜란은 그의 말기 대표적 실책 중 하나로 평가받는다. 그는 오랜 전국시대를 끝내고 일본을 통일한 정치가로서 그 공로를 인정받는다.

도요토미 히데요시는 평민 출신이었다. 부모는 농사를 지었고, 도요토미 히데요시는 어려서 집을 나와 떠돌이 생활을 했다. 전형적인 하층민 출신이다. 그런데 그런 사회 최하층 출신이 최고 권력자가 됐다. 근대 민주주의가 성립되고 투표로 지도자를 선출하고부터는 사회 최하층 출신이 최고 권력자가 되는 경우가 아예 없진 않다. 하지만 근대 이전의 봉건 사회에서 사회 최하층 출신이 최고 권력자가 되는 것은 좀체 있을 수 없는 일이었다. 도요토미 히데요시는 하층 출신으로 최고 권력자가 된 세계에서 몇 안되는 사람이다. 한국에서의 평가는 제외하고, 세계에서는 긍정적인 평가를 받는다.

또 한 사람, 이토 히로부미는 근대에 아시아가 서양 열강에 의해 유린될 때에, 아시아의 명예를 지켜준 정치가라 할 정도로 서양인들에게 명망을 떨쳤다. 그는 일본 근대화에도 큰 역할을 했다. 원래 이토 히로부미는 서양에 반대하는 양이파였지만, 서양의 힘을 인식하고는 개화파로 돌아섰다. 외국에서 유학을 하고, 일본을 근대화하는 데 거의 평생을 바쳤다고 할 수 있다. 이토 히로부미가 단지 일본의 발전만을 위해 노력했다면 세계적인 명성은 얻을 수 없었을 것이다. 이토 히로부미는 서양 열강이 의도하는 것, 원하는 것을 파악하고, 아시아에서 서양이 원하는 것을 파괴하지 않으면서 일본이 원하는 것을 챙겼다. 서양 열강을 전혀 고려하지 않고, 오로지 일본이 원하는 것만을 주장하는 다른 일본 정치가와는 달랐다. 그래서 서양 열강 국가들에게 이토 히로부미는 대화가 통하는 아시아인 정치가였다. 그는 근대 이후 현대까지 세계적으로 인정받는 아시아 정치가의 대표 주자로 꼽힌다. 그만큼 근대 아시아 정치사에서 이토 히로부미가 차지하는 비중은 적지 않다.

하지만 그 이토 히로부미가 한국인에게는 원수다. 한국인이 뭘 오해하고, 잘못 알고 있어서는 아니다. 이 점은 『이코노미스트』도 인정하고 있다. 이토 히로부미는 일본의 조선 침략에 큰 역할을 했다. 이렇듯 세계의 평가와 한국의 평가가 다른 것은 복잡 미묘한 일임에 틀림없다.

1870년대부터 1910년까지, 『이코노미스트』에 한국인 이름은 한 번도 나오지 않는다. 조선의 왕, 조선의 재무장관 등 직책은 나와도 개인 이름은 전혀 나오지 않는다. 이토 히로부미가 한국인에게 죽었다는 이야기는 나오지만, 그 한국인의 이름이 안중근이라는 사실조차 거론되지 않는다. 을미사변 때조차 한마디도 안 했던 『이코노미스트』였다. 그런데 일본인 이토 히로부미에 대해서는 개인의 인생, 업적을 정리해서 많은 분량으로 설명하고 그 죽음을 애도하고 있다. 한국인으로서는 착잡한 일이다.

한일
병합

1910년 8월, 공식적으로 대한 제국과 일본 간의 병합이 이루어졌다. 실질적으로는 1905년에 이미 대한제국은 일본의 수중에 들어갔다. 그동안은 형식적이나마 국가의 틀을 갖추고 있었는데, 이제 그마저도 사라지게 된 것이다.

1910년 8월 27일, 『이코노미스트』는 그 소식을 담담히, 그리고 짧게 전한다. 이토 히로부미가 사망했을 때에는 긴 조의문을 실었고, 보통 일반 기사에 대해서도 반 페이지 이상의 길이로 소식을 전하던 『이코노미스트』다. 그러나 한일병합 기사는 1/4 페이지에 불과하다. 그냥 단신 수준이다. 특별한 논평 없이 소식만 전하면 되는 수준의 이야기였다는 뜻이다.

1910년 8월의 한일병합에 대해 어떤 나라도 반대 의사를 표현하지 않았다. 대한제국이 실질적으로 일본의 속국이라는 것은 이미 러일전쟁 이후로 세계 각국이 인정한 것이다. 영국도 일본이 조선에 대해 중요한 정치적 이익을 보유한다고 인정했다. 또 일본은 그동안 조선에서 완전한 통제권을 행사해왔다. 그래서 『이코노미스트』는 한일병합을 이렇게 설명한다.

> The change is not one of great practical importance. Since her armies overran Korea in the Russian War, Japan has held the peninsula in the hollow of her hand, and has imposed upon it her own judicial and administrative system.
>
> 공식적으로 한일병합이 이루어지는 것이 실질적으로 중요한 의미를 가지는 것은 아니다. 러일전쟁으로 조선을 손에 넣은 뒤, 일본은 조선에 자신들의 사법과 행정 체제를 밀어붙였다.

또 『이코노미스트』는 이렇게 말한다.

> Thus Japan becomes in name as well as in fact a Continental Power.
>
> 이제 일본은 명목상으로도, 실제적으로도 대륙의 권력자가 됐다.

일본이 조선을 병합한 것의 가장 큰 의미는 아시아 대륙에 자기 소유의 영토를 가지게 됐다는 것이다. 그로써 일본은 아시아의 권력자로 인정받게 된다. 섬나라 일본은 그동안 동아시아의 외부자로서 대륙에 직접적인 지분을 가진 나라는 아니었다. 그러나 이제 명실공히 아시아 대륙에 영토를 가진 나라이자 신흥 패권국으로 인정받게 된 것이다.

『이코노미스트』는 또 한일병합이 원래 계획보다 빨리 이루어지게 됐다고도 평가한다. 한일 간 공식적인 병합이 급하게 이루어진 것은 일본인의 대한제국 이주가 예상보다 더 빨리 진행되었기 때문이다. 사람만이 아니라 자본도 급속도로 대한제국에 유입됐다.

1906년 대한제국에 거주하는 일본인은 83,315명이었다. 그런데 1909년에는 이 수가 144,735명으로 늘어났다. 3년 사이에 거의 2배 가까이 증가했다. 한일합병 이전까진 조선에 거주하는 일본인들은 공식적으로 외국인이었지만, 한일병합이 이루어지면 조선에 거주하는 일본인들도 더 이상 외국인이 아니게 된다. 또한 한일병합이 이루어지기 전에는 일본 자본이 대한제국으로 이동하는 것도 공식적으로는 해외로의 자본 이동이었는데, 한일병합이 되면 이런 자본 이동도 국가 내 이동이 되어 자유롭게 된다. 한일병합을 서두른 데는 이러한 이유도 숨어 있었다.

그런데 이렇게 공식적으로 한일병합이 이루어지면, 대한제국 국민들은 반발하지 않을까? 조선인들이 한일병합 조치에 반대해서 폭동을 일으킨다거나, 반란을 실행한다거나 하지 않을까? 『이코노미스트』는 그런 위험성은 없다고 봤다.

The effect of the news, or rather of its anticipation, upon the market is probably due to fears lest the final overthrow of their independence might goal the Koreans

to an attempt at resistance, and embroil Japan in another
Formosan affair. The fears are probably groundless ; the
harsh militarism of the first few years of Japan's rule can
have left little inclination or ability for revolt in the never
very strenuous population of the Hermit Kingdom.

한일병합이 한국인들을 자극해서 타이완 병합 때처럼 저항을 하고 반란을 일으키지 않을까 걱정하는 경우가 있는데, 이런 두려움은 근거가 없는 것이다. 지난 몇 년간 이뤄진 일제의 가혹한 군국주의 통치는 원래부터 거친 것과는 거리가 멀었던 이 은자의 나라의 국민에게서 반항할 만한 기질과 여력을 모두 빼앗아 가버렸다.

일본이 타이완을 병합할 때는 타이완 전역에서 전쟁을 해야 했다. 청나라와의 공식적인 조약에 의해서 타이완이 일본 영토가 되었지만, 타이완 사람들은 이것을 인정할 수 없었다. 그들은 극렬하게 일본의 지배를 반대했고, 일본은 오랫동안 타이완에서 반란 세력과 대치해야 했다. 타이완을 병합한 후 한동안은 타이완에서 안전한 지역이 몇몇 도시뿐이었다. 그래서 한국의 경우에도 그런 반발이 있지 않을까 걱정하는 사람들이 있었다. 타이완 때처럼 저항이 심하고 반란이 일어나면 외국인 투자자들, 상인들은 당분간 조선에서 물러나 있어야 한다고 생각했다.

하지만 『이코노미스트』는 그런 걱정을 할 필요가 없다고 말한다. 조선 주민들은 폭압적인 지배 체제에 시달려 무언가를 강렬하게 하고자 하는 마음이 별로 없는 민족이라고 판단했다. 1905년부터 지금까지 수년간 일본은 군사적 반란세력(의병)을 뿌리 뽑았다. 그래서 더 이상 조선 사람들은 한일병합에 대해 반란을 일으킬 의도도 없고, 그럴 능력도 없다고 간주했다.

『이코노미스트』의 조선에 대한 이런 평가는 참 모욕적이지만 지극히 냉철한 판단이기도 했다. 실제 한일병합이 이루어진 후 조선 내에서는 별다른 반발이 없었다. 1905년 을사보호조약 이후에는 반발이 있었지만, 막상 한일병합 이후에는 특별한 반발이 없었다. 조선은 이미 일본에 넘어갔고, 한일병합은 그저 형식적 절차에 불과하다는 사실을 조선 사람들 역시 절절이 깨닫고 있었던 것이다.

1870년대의 조선과 1900년대의 조선

　현대 한국은 굉장히 급변하는 사회이다. 2016년 초에 히트했던 드라마 〈응답하라 1988〉은 현재로부터 약 30년 전의 이야기이다. 이 드라마에 나오는 환경과 2019년의 환경은 굉장히 많이 다르다. 그 당시에는 연탄으로 난방을 했고, 밥을 짓기 위해 석유곤로를 사용하는 집들이 있었다. 1988년에는 커다란 카세트를 사용해서 음악을 듣고, 라디오를 시간 맞추어 들으며 자기가 좋아하는 음악을 녹음했다. 여자들의 화장법도 다르고, 입고 다니는 패션도 다르다. 핸드폰은커녕 삐삐도 없는 시절이라 모든 연락은 전화와 편지로 이루어졌다. 이웃끼리 모두 다 같이 알고 지내고 반찬 등을 돌려먹는 것도 2010년대에는 생소한 광경이었다.

　시계를 더 뒤로 돌려 1960년대와 1990년대의 30년을 비교해도 엄청나게 다른 한국의 모습이 드러난다. 보릿고개가 있는 사회에서 먹을 것이 남아돌아가기 시작한 사회로 변했다. 초가집이 일상적인 농촌 사회에서 자동차, 전자기기를 만드는 산업 사회로 변했다. 자전거도 귀하던 시절에서 자가용이 일상화된 사회가 됐다. 1980년대와 2010년대가 같은 사회라고 보기 어렵듯이, 1960년대와 1990년대도 다른 사회이다. 한국은 계속 변하고 있다.

　그런데 한국에서 근대 이후 가장 많이 변한 30년은 언제일까?

아마 현대인들은 1950/60년대~1980/90년대 사이가 가장 많이 변한 30년이라고 말할 것이다. 이른바 '한강의 기적'이 일어난 시대이다.

하지만 한국이 가장 많이 변한 것은 1960~1990년의 기간이 아니라 1870년대~1900년대의 30년간이었다. 이때에는 500년 동안 폐쇄적이었던 농촌사회에 서구 문명이 쏟아져 들어왔다. 사신으로 오는 청나라 사람 말고는 외국인들을 볼 수 없었는데, 이제는 노란 머리, 파란 눈의 외국인들이 거리를 활보했다. 천지개벽과 같은 변화였다. 과장하자면 석기시대에서 청동기시대로의 비약에 비견할 만한 효과였다.

그렇게 조선은 엄청나게 변했다. 조선이 결국 근대화 개혁에 실패하고 일본의 식민지가 되어버렸다고 해서, 조선이 변화하지 않고 개혁을 제대로 하지 않았다는 평가는 부당하다. 1870년대의 조선과 1900년대의 조선은 같은 나라라고 보기 어려울 정도이다. 1870년대, 1880년대 초에 조선을 방문한 외국인이 쓴 조선의 풍경과 1900년대 외국인이 쓴 풍경을 비교해보면, 이것이 같은 장소를 이야기한 것인지 알아차리기 힘들다. 서울, 제물포 등 같은 지명을 언급하고 있으니 망정이지, 그 지역을 묘사하는 것만 살펴보면 이곳이 그곳인가 어안이 벙벙할 때가 많다. 이렇듯 조선은 시대의 조류를 격렬하게 뒤쫓고 있었다.

1870년대에는 제물포도 한적한 어촌이었을 뿐이다. 부산도 경상도에서 큰 도시라곤 하지만 초가집들이 많이 있는 한적한 마을이었을 뿐이다. 외국인의 시각에서는 도시라고 보기 어려웠다. 이 당시 조선을 방문한 서양인들이 가장 어려워했던 것은, 조선의 관문인 제물포, 수도인 한양에 숙소로 묵을 만한 곳이 전혀 없다는 사실이었다. 초가집의 주막 같은 곳만 유일하게 외부인이 숙박할 수 있었다. 그리고 물건을 파는 상점이 없었다. 사람들은 거의 모든 것을 자급자족했기에 상점이 길거리에 없었고, 이것은 조선을 방문하는 사람들에게 상당히 기이하고 당혹스런 일이었다.

반면 1900년대의 제물포는 발전된 개항장이었다. 서구식 건물들이 들어섰고, 상점들도 활발하게 거래를 했다. 외국인들이 묵을 수 있는 고급 호텔도 생겼고, 카페 같은 것도 들어섰다. 외국인이 수천 명씩 거주하는 지역도 생겼고, 전신소, 우체국 등도 들어섰다.

최근 많은 이들이 중국의 상하이와 심천의 발전을 보며 놀라워한다. 중국이 개방한 이후 30여 년 동안 이 지역은 전통적인 중국 마을에서 세계적인 도시로 성장했다. 특히 심천은 작은 어촌 동네였던 곳인데, 홍콩에 비견되는 거대 도시로 성장한다. 그런데 1900년대 제물포가 바로 그런 식의 변화를 겪었다. 제물포만이 아니라 부산, 원산 등 개항도시는 모두 그런 변화를 겪는다. 한양은 말할 것도 없다.

1870년대 한양은 해가 져서 타종이 울리면 통행금지가 시작됐다. 남자들은 모두 자기 집으로 돌아가야 했다. 그 대신 장옷을 쓴 여자들이 하인을 데리고 한양 거리를 오가며 마실을 다녔다. 이 모습은 한양을 방문한 외국인들에게 주요한 볼거리였다. 그런데 1900년대 한양은 남자, 여자 가릴 것 없이 밤거리를 오가는 도시로 변모한다. 남녀칠세부동석이라는 수백 년간의 지엄한 유교 교리가 깨지기 시작한 것이다.

1870년대에는 매일매일 남산에 봉화가 올랐다. 한양성에서는 이 봉화를 매일 볼 수 있었다. 국경에 이상이 있으면 봉화에 오르는 불의 개수가 달라졌다. 지방과는 이런 방식을 사용해 연락을 했다. 1900년대에는 더 이상 봉화가 피어오르지 않았다. 더 빠른 전신으로 연락이 가능해져서 봉화를 피울 필요가 없게 된 것이다.

1900년대에는 한양의 하수도 시스템도 정비가 됐다. 자동차도 다닐 수 있게 됐으며 제물포와 한양 사이에 철도도 놓였다. 우마차의 시대에 고속도로가 만들어지고 KTX가 생긴 효과이다. 사람들의 생활환경이 엄청나게 변화할 수밖에 없었다. 그러면서 자연스레 사람들의 사고방식, 의식 수준도 급변했다.

지금 한국에서는 세대 간 의식 차이가 큰 사회적 문제로 다뤄지고 있다. 산업화를 이끌어 온 장년층 이상의 사람들과 산업화 이후에 태어난 사람들 사이의 사고방식이 매우 다르다. 1870년대와 1900년대도 마찬가지이다. 1870년대의 조선 사람들과 1900년대 조선 사람들을 같은 사람으로 보기 어렵다. 그 시대의 세대 간 의식 차이도 지금보다 더 크면 컸지 절대 작지 않았을 것이다.

물론 변화하지 않은 것들도 있었다. 예컨대 석전이라는 놀이 문화는 1870년대에도, 1900년대에도 여전히 존재했다. 석전은 사람들이 두 무리로 나뉘어서 서로 돌을 던지며 싸우는 것이다. 진짜 돌을 던져서 부상자가 나오고 사망자까지 나왔다. 굉장히 위험한 것인데, 1900년대 조선을 방문한 서양인의 기록에서 석전은 여전히 조선의 대표적인 놀이 문화로 언급된다.

그러나 진짜 변하지 않은 것은 따로 있었다. 조선의 부패한 정치, 관료 시스템이다. 경제, 사회, 문화 등 모든 면에서 조선은 급격히 변화하는데, 조선의 정치가 부패하고 무능하다는 외국인의 평가만은 거의 변하지 않는다. 이 당시 고종은 1863년부터 40년 넘게 조선의 왕으로 군림했다. 그의 치세의 부정적 특징은 천지개벽하는 세상의 흐름에도 불구하고 거의 바뀌지 않았다.

조선은 근대화에 노력하지 않고 현실에 안주하며 변화하지 않은 것이 아니다. 1870년대의 조선은 분명 전통 사회로서의 조선이었다. 하지만 1900년대의 조선은 근대 사회로서의 조선이다. 이 30년 동안 조선은 엄청나게 변화했다. 이 당시 조선이 변하지 않았다는 비난은 정치에 대해서만 논해져야 할 것이다. 조선의 정치는 이 기간 동안에도 화석처럼 변하지 않았고, 결국 그 모든 권한을 나라의 주권과 함께 일본의 손에 넘겨주고 말았다.

황현의 『매천야록』을 읽은 적이 있다. 한문으로 적힌 원문은 읽기 어려웠고, 완역본으로 읽었다. 『매천야록』은 황현이 1864년부터 1910년까지 조선에서 일어난 일을 본인의 시각에서 적은 글이다. 『매천야록』은 수록된 이야기 중 사실과 다른 것이 많다는 점 때문에 비판도 많이 받곤 한다. 하지만 『매천야록』은 정식 역사서가 아니라, 한 선비가 자신의 시각에서 당시 상황을 적은 글일 뿐이다. 사실 관계를 『매천야록』에서 검증하는 것보단, 당시 사람들은 이렇게 생각했고 이런 것들에 관심을 보였구나 하는 정도로 받아들이면 될 일이다.

조선 말기에 대해 객관적인 시각으로 쓴 글은 참 발견하기 어렵다. 일본 사람이 쓴 글은 믿을 수 없고, 『조선왕조실록』조차 고종 편부터는 친일파의 시각이 많이 들어갔기에 그대로 받아들이기 힘들다. 하물며 당시 쓰인 정치적인 글들은 개화파, 수구파, 친일파 등 입장에 따라 편파적이기 때문에 있는 그대로 받아들이기가 힘들다.

그런 와중에 황현은 개화파니 수구파니 하는 말에서 그나마 자유로운 사람이었다. 과거에 급제하였으나 벼슬을 마다하고 초야에 묻힌 재야 학자로 살았고, 더욱 중요한 것은 친일파가 아니었고, 애국자였다. 황현은 1910년 한일합방이 이루어지자 자살을 했다. 『매천야록』에 대해 이런 저런 비판도 많지만, 그래도 필자의 입장에서는 친일의 영향을 받지 않은 애국자가 남긴 글이라는 점에서 『매천야록』만큼 그 당시의 분위기에 대해 신뢰가 가는 책도 없다.

그런데 황현의 『매천야록』을 읽다보면 한 가지 크게 우려되는 점이 있다. 황현은 굉장히 꼼꼼했다. 당시 고종에게 올라간 상소문, 정부 발표문 등을 모두 책으로 옮겼다. 고위 관료들이 어디에 임명되고 부임했는지에 대해서도 적고 있다. 지방에 살고 있었으면서 어떻게 이런 자료들을 다 구할 수 있었는지 놀라울 정도이다.

단지 한 명의 선비가 당시 조선에 대해 모은 자료, 기록치고는 매우 놀라운 양이다. 그런데 한 가지 완전히 빠져 있는 부분이 있다. 국제 정세에 대한 사항이다. 그저 해외에 대한 사항이라면 『매천야록』에도 적지 않게 나온다. 미국에서 홍수가 나서 수백 명이 죽었다, 멕시코에서 지진이 나서 수천 명이 죽었다, 어느 나라에서 몇 쌍둥이가 태어났다 등과 같은 해외토픽 뉴스이다. 그런데 당시 조선 상황에서 정말로 중요한 내용일 국제 관계에 대한 사항은 『매천야록』을 뒤져봐도 하나도 나오지 않는다. 황현 같은 지식인이 쓴 수천 장에 이르는 책인데도 그렇다.

이것은 당시 지식인들이 국제 정세, 국제 관계에 대해 별로 관심이 없다는 사실을 반증한다. 당시 조선의 운명은 미국, 러시아, 영국,

청, 일본 간의 국제 관계에 달려 있었다. 일본은 한국을 식민지화하기 위해 이들 나라와의 외교에 온 힘을 쏟았다. 하나의 나라라도 일본의 한국 점령을 반대하면 한일합방은 이루어질 수 없었다. 그런데 일본이 한일합방을 국제적으로 인정받기 위해 많은 애를 쓰는 동안, 조선의 지식인들은 이런 것들에 별 관심이 없었다.

가장 안타까운 것은 조선의 태도다. 러시아는 남하 정책을 펴고 있었고, 미국, 영국 등 당시 세계 최강대국들에게 러시아의 남하 저지는 최대의 목표였다. 러시아는 남하 정책의 일환으로 조선에 조계지, 군항 등 거점을 만들려 했고, 미국, 영국은 이것을 결사적으로 막으려 했다. 그런데 조선은 러시아의 진출에 대해 아무 걱정하지 않고 러시아가 조선에 거점을 만들려는 것에 찬성한다. 미국, 영국이 러시아의 남하를 적극적으로 막고 있다는 것을 어느 정도 알았다면, 이런 조치가 미국, 영국을 적으로 돌리는 일이라는 것도 알았을 것이다. 하지만 당시 조선은 그런 것을 알지 못했다. 러시아에 대해 호의를 베풀었고, 결과적으로 전 세계 최강대국들과 대치되는 길을 걸었다. 영국은 일본과 영일동맹을 맺고, 미국은 일본의 한국 침략을 인정한다. 조선이 러시아 편이 되는 것을 막기 위해서, 세계 최강대국들은 일본을 본격적으로 지원하기 시작했다.

이런 국제 정세가 비밀이었을까? 안타깝지만 그렇게 비밀은 아니었다. 영국에서 발행되는 주간지 『이코노미스트』에서도 이런 식의 이야기는 쉽게 찾아볼 수 있다. 관심만 있었다면 조선도 당시 국제 정세에 대해 충분히 알 수가 있었다. 하지만 조선은 몰랐다. 『매천야록』을 쓴 황현도 몰랐다. 황현이 무식해서가 아니다. 황현은 물론 다른 조선의 선비들도 충분히 똑똑했다. 단지 해외 사정에 관심이 없었다. 이들에게는 국내에서 벌어지는 일만 중요했다. 국외로 시야를 돌려본들, 청나라와 일본 정도에서 인식이 머물렀다.

『매천야록』과 동시대에 출간된 『이코노미스트』를 보면서 알게 됐다. 당시 조선 사람들은 시야 밖의 국제 관계에 대해서는 별 관심이 없었다는 것을. 청나라, 일본과 조선과의 관계에는 신경을 썼어도, 다른 전 세계 강대국들간의 관계에 대해서는 관심이 없었다.

한국 혼자서만 살아갈 수 있다면 국제 관계에 관심이 없어도 충분히 잘 살아갈 수 있을 것이다. 하지만 한국은 반도 국가다. 반도의 성격상 해외로부터의 영향에서 벗어날 수 없다. 외국이 우리를 어떻게 보고 있는지, 어떻게 생각하고 대우하는지는 한국의 운명에 큰 영향을 미친다. 외국에게 특별히 잘 보이려고 노력할 필요는 없을 것이다. 하지만 해외에서 우리를 어떻게 보는지를 알고 이해하는 것은 중요하다고 생각한다. 그것만 제대로 알고 대처했다면 최소한 일본 식민지가 되는 일은 없지 않았을까. 조선 말의 기록인 『매천야록』과 『이코노미스트』를 같이 보다 보면 그런 것을 느끼게 된다.

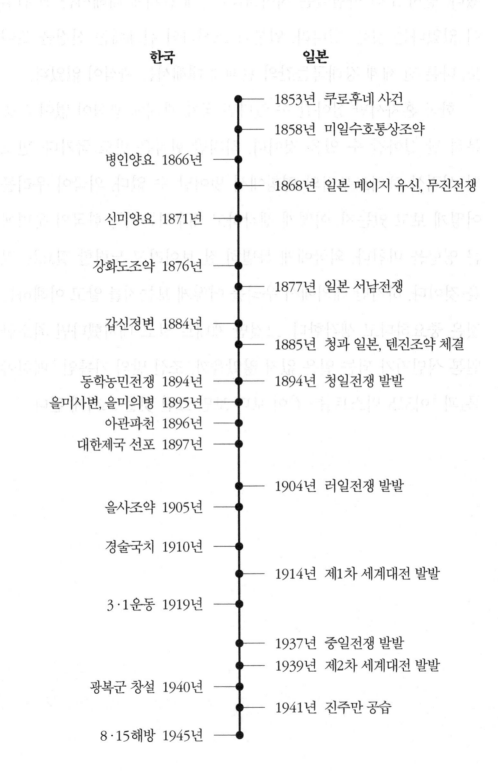

한국		일본
		1853년 쿠로후네 사건
		1858년 미일수호통상조약
병인양요 1866년		
		1868년 일본 메이지 유신, 무진전쟁
신미양요 1871년		
강화도조약 1876년		
		1877년 일본 서남전쟁
갑신정변 1884년		
		1885년 청과 일본, 텐진조약 체결
동학농민전쟁 1894년		1894년 청일전쟁 발발
을미사변, 을미의병 1895년		
아관파천 1896년		
대한제국 선포 1897년		
		1904년 러일전쟁 발발
을사조약 1905년		
경술국치 1910년		
		1914년 제1차 세계대전 발발
3·1운동 1919년		
		1937년 중일전쟁 발발
		1939년 제2차 세계대전 발발
광복군 창설 1940년		
		1941년 진주만 공습
8·15해방 1945년		

1866년	3월		제너럴셔먼 호 사건
	9월~11월		병인양요
1871년	6월		신미양요
			대원군, 전국 각지에 척화비 세움
1873년	12월		고종이 친정을 선포하며 대원군 실각
1875년	9월		운요호 사건
1876년	2월		조일수호조규(강화도 조약) 체결
1882년	5월		조미수호통상조약 체결
	6월		임오군란 발생
	8월		제물포 조약 체결
	11월		조청상민수륙무역장정
1883년	6월		인천해관 창설
	7월		전환국 설치
			조일통상장정 체결
1884년	12월		갑신정변
1885년	4월		영국의 거문도 점령 사건
1890년	1월		서울 상인들이 외국 상점의 용산 이점을 요구하며 철시
	2월		미국인 리젠드르가 내무협판에 임명
	7월		일본공사가 용산 일본 상인의 조차지 획정을 요청
	11월		미국인 그레이트하우스가 내무협판에 임명
1891년	2월		일본공사가 일본 상인도 청나라 상인과 같이 평안 및 함경도 연안의 무역 허가를 내달라고 요청
	3월		가지야마 데이스케, 신임 일본 공사로 부임
	12월		고종, 왕자 강(의친왕)을 의화군에 봉함
			한국 최초의 영문 잡지 『코리안 리포지토리*KOREAN*

	5월	한국 최초의 은행권인 제일은행권 발행, 제일은행권은 한국의 화폐가 아닌 일본의 화폐임
	9월	대한제국, 제일은행권의 여수를 금지시켰으나 일본의 압력으로 철회됨
	7월	한국과 덴마크, 수호통상조약 체결
	8월	대한제국 국가 제정
1904년	2월	러일전쟁
		한일의정서 체결
	4월	일본, 한국에 주차사령군 설치
	6월	러일전쟁의 지원을 위해 제일은행 소행권 발행
	7월	『대한매일신보』 창간
	8월	제1차 한일협약 체결
	11월	전환국 폐지, 화폐정리사업 시작
	12월	더럼 스티븐스, 대한제국 외교부 고문에 임명
		외교관, 영사관제 폐지하고 각국 영사에 철수 명령
1905년	7월	미국과 일본, 가쓰라-태프트 밀약 체결
	8월	영국과 일본, 제2차 영일동맹 체결
	9월	러시아와 일본, 포츠머스 조약 체결
	10월	일본에 관세 사무 인계
	11월	제2차 한일협약(을사조약) 체결, 외교권 상실
1906년	2월	해외 한국인에 대한 보호권을 일본 외무성에 이관
	3월	이토 히로부미, 초대 통감으로 부임
		주한 영국 공사를 시작으로 각국 공사들 차례로 철수 시작
	4월	통감부, 언론 규제에 관한 보안규칙 공표
1907년	1월	국채보상운동 시작
	4월	헤이그 밀사 출국
	5월	이완용의 친일 내각 성립
	6월	헤이그 밀사, 평화회의 참석 좌절
	7월	이완용 내각, 고종에게 양위를 강권
		고종 양위식 시행
		제3차 한일협약(정미7조약) 체결, 행정권 박탈